Barbara und Hans Otzen

Danziger Hering

Und über 130 weitere leckere Rezepte aus Pommern

Impressum

Mathias Lempertz GmbH
Hauptstr. 354
53639 Königswinter
Tel.: 02223 / 900036
Fax: 02223 / 900038
Info@edition-lempertz.de
www.edition-lempertz.de

Autoren: Barbara und Hans Otzen,
basierend auf der Rezeptsammlung von Frieda Staude

Umschlagentwurf und Layout: Ralph Handmann

Satz und Layout: Ralph Handmann

Lektorat: Kristina de Giorgi

Printed in Germany

Covermotive: Fisch: © krabata, fotolia.de
Ornament: © WaD, fotolia.de

ISBN: 978-3-939284-11-6

Inhalt

Kartoffel- und Gemüsegerichte

Mehlspeisen

Fleischgerichte

Geflügel- und Eiergerichte

Fischgerichte

Wildgerichte

Nachspeisen

Kuchen und Gebäck

Getränke

Zum Abschluss

Vorwort

Pommern, das Land in dem „Milch und Honig fließen“, erstreckt sich zwischen Mecklenburg und Polen als eiszeitlich geprägte Hügellandschaft aus Wäldern, Äckern, Wiesen, Sümpfen, Seen und herrlichen Ostseestränden. Seine Bewohner faszinieren uns bis heute, haben sie es hier doch nicht immer einfach gehabt. Die Böden sind vielerorts karg, die Einkommensmöglichkeiten waren gering. So musste man mit dem auskommen, was die Scholle hergab. Grundnahrungsmittel waren Kartoffeln, dazu gab es Wruken, viel Kohl und anderes Gemüse - jeweils zur Saison -, selten Fleisch, öfter schon Geflügel oder Fisch, Wild eigentlich nur in den herrschaftlichen Haushalten. Dafür war Milch in allen Variationen immer gegenwärtig. Doch die Leute waren einfallsreich, und so entstanden aus diesen wenigen einfachen Nahrungsmitteln in Pommern herrliche Gerichte – da gab es „Arme-Leute-Essen“ im Alltag, vom Feinsten an Festtagen, und Schlachtfest war immer Feiertag! Dann ging es den Gänsen an den Kragen, die Schweine quiekten, und wenn gar eine Kuh geschlachtet wurde, nahm das ganze Dorf daran teil.

Kartoffeln mit Stippe und viele andere verfeinerte Gerichte sind heute Bestandteil unseres allgemeinen Küchenrepertoirs. Die Nähe zur Ostsee und der Reichtum Pommerns an Binnengewässern und Seen haben viele spezielle Fischgerichte hervorgebracht. Die Wälder sorgten für Pilze, die sich vorzüglich mit den Fischmahlzeiten kombinieren lassen. Und ohne Quark und Rahm ist die pommersche Küche gar nicht vorstellbar. Süßsaure Speisen sind eine Spezialität, für die sowohl Mecklenburg als auch Pommern berühmt sind. Slawische Herkunft zeigen beispielsweise die Plinsen in ihren verschiedensten Erscheinungsformen. Und vom Süden sind Einflüsse der schlesischen Küche zu vermerken – woher sollten sonst

die Knödel stammen? So hat sich aus all diesen Einflüssen der fruchtig-sahnig, süß-sauer abgeschmeckte Charakter der pommerschen Küche entwickelt, die bis heute Gaumenfreuden der besonderen Art bietet. „Die Küchentradition eines Landes ist in besonderer Weise identitätsstiftend“, sagt dazu heute ein (vor)pommerscher Koch, der den Geschmackskosmos Pommerscher Gerichte mit ihrer sahnig-herben Note, ihrem fruchtigen Brataroma und dem Kontrast von Geräuchertem und Gemüsefrische erlebbar machen möchte.

Angeregt durch die Rezeptsammlung der Köchin Frieda Staude, die zwischen den beiden Weltkriegen in Pommern tätig war und ihr Wissen in einem Notizbuch festhielt, soll die jetzt vorgelegte Rezeptsammlung das reichhaltige pommersche Kocherbe wachhalten. Denn auch wenn Pommern als Kulturraum in seiner früheren Form nicht mehr existiert, seine Rezepte sind auf jeden Fall überliefert!

Wenn in stiller Stunde Träume mich umwehn

(Pommernlied)

Wenn in stiller Stunde
Träume mich umwehn
bringen frohe Kunde
Geister ungesehn
Reden von dem Lande
meiner Heimat mir
Hellem Meeresstrande
düsterm Waldrevier.

Weiße Segel fliegen
auf der blauen See
Weiße Möwen wiegen
sich in blauer Höh
Blaue Wälder krönen
weißer Dünen Sand
Pommernland, mein Sehnen
ist dir zugewandt.

Aus der Ferne wendet
sich zu dir mein Sinn
aus der Ferne sendet
trauten Gruß er hin;
Traget, laue Winde
meinen Gruß und Sang
wehet leis und linde
treuer Liebe Klang.

Bist ja doch das eine
auf der ganzen Welt
Bist ja mein, ich deine
treu dir zugesellt
Kannst ja doch von allen
die ich je gesehn
mir alleine gefallen
Pommernland, so schön.

Jetzt bin ich im Wandern
bin bald hier, bald dort
doch aus allem andern
treibt's mich immer fort
Bis in dir ich wieder
finde meine Ruh
send ich meine Lieder
dir, o Heimat, zu.

Text: Adolf Pompe am 9.3.1852

Musik: auf die Melodie von „Freiheit die ich meine"

(Karl Gross, 1818)

Suppen

Buttermilch - Suppkartoffeln

Ein Gericht, das in Pommern gern an heißen Tagen gegessen wurde und das sich auch gut aufwärmen lässt.

Zutaten:
(für 4 Portionen)

1 kg mehligkochende Kartoffeln
1 kg Zwiebeln
9 Lorbeerblätter
10 Gewürzkörner (Piment)
10 Wacholderbeeren
½ l saure Sahne (20%)
½ l Buttermilch
Salz, Essig

Zubereitung:

Die Kartoffeln schälen und klein würfeln, die Zwiebeln schälen und ebenfalls würfeln. Kartoffeln und Zwiebeln mit den Gewürzen und einer Prise Salz in einen Topf geben und diesen mit Wasser so auffüllen, dass die Kartoffeln und Zwiebeln gerade bedeckt sind. Kartoffeln und Zwiebeln sanft kochen bis sie gar sind, dann zuerst die saure Sahne und danach die Buttermilch dazugeben – von der Buttermilch aber nur so viel, dass die sämige Konsistenz der Suppe erhalten bleibt. Nunmehr die Suppe nach Geschmack vorsichtig mit Essig abschmecken.
Abschließend die Suppe aufkochen, vom Herd nehmen und vor dem Servieren zehn Minuten ziehen lassen.

Pommersche Milchsuppe

Zutaten:
(für 4 Portionen)

1 l Vollmilch
250 ml Schlagsahne
3 EL Zucker
1 Päckchen Vanillinzucker
1 EL Speisestärke
Butterflocken
Salz

Zubereitung:

Die Stärke mit einem kleinen Teil der Milch (ca. 4 Esslöffel) verrühren.
Die restliche Milch mit einer Prise Salz, der Schlagsahne, dem Zucker und dem Vanillinzucker aufkochen lassen.
Die Milch mit der Speisestärke zur Suppe binden.

Anrichten:

Die Butterflocken vor dem Servieren zunächst in der Suppe schmelzen lassen und dann auf Teller geben. Als Beilage werden Klieben (siehe Pommersche Kliebensuppe) gereicht.

Hafersuppe

Im alten Pommern war die Motorisierung der Landwirtschaft noch nicht weit fortgeschritten. Pferde leisteten einen wesentlichen Teil der Arbeit, die heute von Maschinen verrichtet wird. Insofern gab es großflächigen Haferanbau, da dieses Getreide als Zusatzfutter für die Pferde verwendet wurde, um sie für die schwere Arbeit entsprechend zu stärken. Auch die Menschen bedienten sich dieser Getreidesorte, um den alltäglichen Speisezettel zu bereichern.

Zutaten:
(für 1 Liter Suppe)

5 Löffel Hafergrütze
20 g Butter
Salz
etwas Zimt
etwas abgeriebene Zitronenschale
Zucker
Rosinen
geröstete Semmelstückchen

Zubereitung:

Die Grütze auswaschen und abbrühen, danach weich kochen.
Die Grütze durch ein feines Sieb seihen.
Butter, Salz, Zimt, Zitronenschale und eine Prise Zucker zur Grütze geben und alles gut durchkochen.
Währendessen die Rosinen ebenfalls separat weich kochen.
Abschließend gibt man die weich gekochten Rosinen zur Suppe und richtet sie mit den Semmelstückchen an.

Anmerkung:

Man kann die Suppe verfeinern, indem man sie cremig schlägt, einige Scheiben Borsdorfer Äpfel darin weich kocht und alles zusammen anrichtet.

Borsdorfer Apfel

Der Borsdorfer Apfel ist eine alte, vom Aussterben bedrohte Apfelsorte, die von den Zisterziensern im Mittelalter nach Ostdeutschland gebracht wurde – deshalb ist auch die Bezeichnung „Zisterzienscrapfel" gebräuchlich. Vielleicht handelt es sich sogar um die älteste dokumentierte Apfelsorte Deutschlands. Diese Apfelsorte war in Pommern weit verbreitet, doch wurden die letzten Bäume in den 20er Jahren des vorigen Jahrhunderts gepflanzt. Einige Bäume wurden wiederentdeckt, so dass diese Sorte wieder vermehrt angebaut werden kann.

„Man kümmt ut de Angst nich rut", säd de Jung,
„soamers gewittert dat un winters mutt ma na't Schaul."

Jung, hest keen Uträd, kriggst Schacht.

Dat treckt sich all nah'n Liew, säd de Snieder,
don hett he den Ärmel in't Taschenloch sett.

Pommersche Spruchweisheiten

Fliederbeersuppe mit Grießklößen

Zutaten:
(für 4 Portionen)

Für die Suppe:

200 g abgestreifte Holunderbeeren
¼ l Apfelsaft
Saft und Schale von 1 unbehandelten Zitrone
1 Zimtstange
Zucker
30 g Speisestärke
1 kleiner Apfel

Für die Grießklößchen:

1/8 l Milch
1 EL Butter
1 Prise Salz
1 EL Zucker
50 g Grieß
1 Ei
Minze zum Verzieren

Zubereitung:

Die Holunderbeeren waschen, mit einem halben Liter Wasser aufkochen und bei schwacher Hitze 5 Minuten köcheln lassen.
Die Holunderbeeren mit dem Saft durch ein feines Sieb gießen.
Danach den Saft mit dem Apfelsaft zusammen aufkochen, Zitronensaft und -schale sowie die Zimtstange zugeben und 5 Minuten köcheln lassen.
Die Fliederbeersuppe nach Geschmack mit Zucker abschmecken.
Den Apfel waschen, das Kerngehäuse herausstechen, in dünne Scheiben schneiden und kurz mitgaren.
Die Stärke mit etwas Wasser glatt rühren und die Suppe damit binden, anschließend die Zitronenschale und die Zimtstange herausnehmen.
Für die Grießklößchen Milch, Fett, Salz und Zucker aufkochen, den Grieß einstreuen und so lange rühren, bis sich die Masse kloßartig vom Topfboden löst.
Den Topf vom Herd nehmen, das Ei unterrühren.
Von der Grießmasse mit 2 Teelöffeln kleine Klößchen abstechen und in reichlich Salzwasser ca. 10 Minuten bei schwacher Hitze ziehen lassen.

Anrichten:

Die Fliederbeersuppe mit den Grießklößchen zusammen servieren.

Anmerkung:

Heute kann man sich das umständliche Aufkochen der Holunderbeeren sparen und nimmt für dieses Gericht stattdessen einen halben Liter Holunderbeer-Muttersaft.

Linsensuppe mit Backpflaumen

Zutaten:
(für 4 Portionen)

500 g getrocknete Linsen
250 g Backpflaumen
Salz
2 Möhren
100 g Knollensellerie
1 Zwiebel
1 Stange Porree
250 g Pommersche Fleischwurst
Essig
Zucker

Zubereitung:

Die Linsen gut waschen und über Nacht in reichlich Wasser einweichen.
Die Backpflaumen ebenfalls über Nacht einweichen.
Die Linsen mit dem Einweichwasser in einen Topf geben, mit etwas Salz zum Kochen bringen und etwa 45 Minuten gar köcheln.
Möhren, Sellerie und Zwiebel schälen, den Porree gut waschen, alles klein schneiden.
Das Gemüse nach einer Viertelstunde zu den Linsen geben und die letzten 30 Minuten der Garzeit mitkochen.
Die eingeweichten Backpflaumen entsteinen, klein schneiden, in die Suppe geben und weitere 20 Minuten garen.
Die Fleischwurst würfeln und in der Suppe erwärmen.
Abschließend die Suppe mit Salz, Essig und Zucker pikant abschmecken und servieren.

Hagebuttensuppe

Zutaten:

750 g Hagebutten
2 EL Butter
1 EL Mehl
4 EL Zucker
Saft ½ Zitrone
1 Tasse Madeirawein
1 Tasse Rotwein
1 Prise gemahlener Zimt
1/8 l Sahne

Zubereitung:

Die Hagebutten waschen und die Blütenansätze abschneiden; die Hagebutten halbieren und die Kerne entfernen.
Die Hagebutten mit einem Dreiviertelliter Wasser aufsetzen und zugedeckt bei milder Hitze in etwa 60 Minuten weich kochen.
Die gegarten Hagebutten in ein Sieb schütten und das Kochwasser auffangen.
Die Hagebutten durch das Sieb passieren.
Die Butter im Suppentopf zerlassen, das Mehl hineinstäuben, unter Rühren hellgelb schwitzen und nach und nach unter Rühren mit dem Hagebuttenkochwasser auffüllen.
Die Suppe mit Zucker, Zitronensaft, Madeirawein, Rotwein und dem Zimt verrühren.
Die Suppe noch einmal aufkochen lassen und das Hagebuttenmark in die Suppe mischen.

Anrichten:

Die Sahne steif schlagen. Die Hagebuttensuppe in Teller füllen und jede Suppenportion mit einer Sahnehaube verziert servieren.

Buchweizensuppe

Zutaten:
(für 4 Portionen)

¼ l Milch
150 g Buchweizenschrot
4 EL Zucker
1 Prise Salz
1/8 l Sahne

Zubereitung:

Die Milch zum Kochen bringen und den Buchweizenschrot in die Milch rühren.
Die Suppe unter mehrmaligem Umrühren bei milder Hitze etwa 30 Minuten köcheln lassen.
Salz und Zucker in der Suppe verrühren.

Anrichten:

Die Suppe vom Herd nehmen, die Sahne unterrühren, in Suppentassen füllen und mit einem Klecks Sahne obenauf servieren.

Kohlsuppe

Zutaten:
(für 4 Portionen)

1 Wirsingkohl
500 g Rindfleisch
1 Zwiebel
1,5 l Fleischbrühe
4 Möhren
500 g Kartoffeln
1 TL gemahlener Kümmel
Salz, Pfeffer, Zucker

Zubereitung:

Das Fleisch in den Topf mit der kalten Brühe geben.
Die Zwiebel schälen, in Ringe schneiden und hinzufügen.
Das Fleisch etwa 90 Minuten in der Brühe garen.
Den Kohl vorbereiten: Die äußeren Blätter entfernen, den Strunk herausschneiden und hobeln.
Die Möhren schälen und in Scheiben schneiden, die Kartoffeln schälen und würfeln.
Das Fleisch aus der Brühe nehmen, diese durchseihen und warm stellen.
Das Gemüse mit Kümmel in die Brühe geben und etwa 25 Minuten lang garen.
10 Minuten vor Ende der Garzeit das in Würfel geschnittene Fleisch wieder in die Brühe zurückgeben.
Die Kohlsuppe mit Zucker und eventuell etwas Salz abschmecken.

Kohlrübeneintopf mit gepökelter Gänsekeule

Kohlrüben oder Steckrüben, im Osten auch Wruken genannt, waren in Pommern ein weit verbreitetes Grundnahrungsmittel. Allerdings geriet diese Rübe in Verruf, weil sie im Hungerwinter 1916/17 nach einer miserablen Kartoffelernte zur hauptsächlichen Nahrungsquelle der vom Krieg arg gebeutelten Bevölkerung diente, die tagein tagaus kaum etwas anderes auf den Tisch bekam („Früh Kohlrübensuppe, mittags Koteletts von Kohlrüben, abends Kuchen von Kohlrüben"). Dabei ist die Wruke von attraktivem, allerdings leicht strengem, Geschmack und reich an Inhaltsstoffen, darunter Eiweiß, Fett, Traubenzucker, schwefelhaltige ätherische Öle, Mineralstoffe und verschiedene Vitamine.

Zutaten:
(für 4 Portionen)

1 Steckrübe (500 g)
50 g Gänseschmalz
gepökelte Gänsekeulen (375 g)
2 Zwiebeln
1 EL Mehl
½ l Fleischbrühe
250 g Kartoffeln
Salz, Pfeffer
1 Bund Petersilie

Zubereitung:

Die Steckrübe schälen und in fingerdicke Streifen schneiden.
Das Gänseschmalz erhitzen und die zerteilten Gänsekeulen darin anbraten.
Die geschälten und gewürfelten Zwiebeln kurz mitbraten.
Das Mehl über das Gänsefleisch und die Zwiebeln streuen; unter Rühren mit Mehl anschwitzen und mit der Brühe ablöschen.
Die Steckrübenstreifen zugeben und alles zugedeckt zwanzig Minuten kochen lassen.
Die geschälten und gewaschenen Kartoffeln zugeben und alles nochmals zwanzig Minuten köcheln lassen. Abschließend mit Salz und Pfeffer abschmecken.

Anrichten:

Den Steckrübeneintopf mit gehackter Petersilie bestreut servieren.

Hull din Mun un do din Wark!
Steik di nich in jeden Quark!
Nix as dusent flitig Hänn
Maken unsrer Not en Enn.

Pommersche Spruchweisheit

Gemüseeintopf

Einmal quer durch den pommerschen Gemüsegarten – das ergibt dieses sommerliche Gericht, was sich auch – obwohl fleischlos – sehr gut für Feiertage eignet.

Zutaten:
(für 4 Portionen)

250 g Rindfleisch
250 g Hammelfleisch
1,5 l Fleischbrühe
1 Bund Suppengemüse
1 Zwiebel
1 Bund frische Möhren
150 g Brechbohnen
250 g Blumenkohl
1 Tomate
500 g Kartoffeln
Bohnenkraut
Salz, Pfeffer, Zucker
½ Bund Schnittlauch

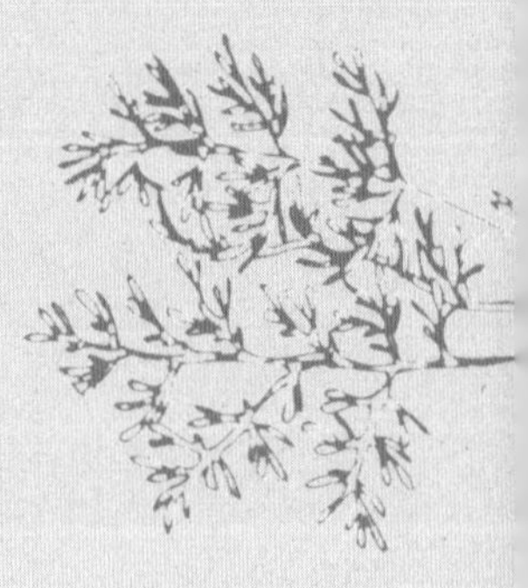

Zubereitung:

Die Fleischstücke evtl. von Haut und Sehnen befreien und in einen Topf mit der Fleischbrühe geben.
Das Suppengemüse schälen bzw. putzen und klein schneiden, die Zwiebel schälen und würfeln, beides mit in den Topf geben und alles zusammen 50 Minuten garen.
Das Fleisch herausnehmen und warm stellen.
Nunmehr das Gemüse vorbereiten: Die Möhren schälen und würfeln, die Bohnen putzen, evtl. entfädeln und schneiden, die Blumenkohlröschen zerteilen, die Tomate achteln, die Kartoffeln schälen und würfeln. Das Gemüse mit dem Bohnenkraut in die Brühe geben und darin 15 Minuten bissfest garen.
Das Bohnenkraut aus der Brühe nehmen und diese mit Salz, Pfeffer und etwas Zucker abschmecken.
Das Fleisch würfeln und in die Brühe zurückgeben.

Anrichten:

Den Schnittlauch in Röllchen schneiden.
Den Eintopf in Suppentassen geben und mit dem Schnittlauch bestreut servieren.

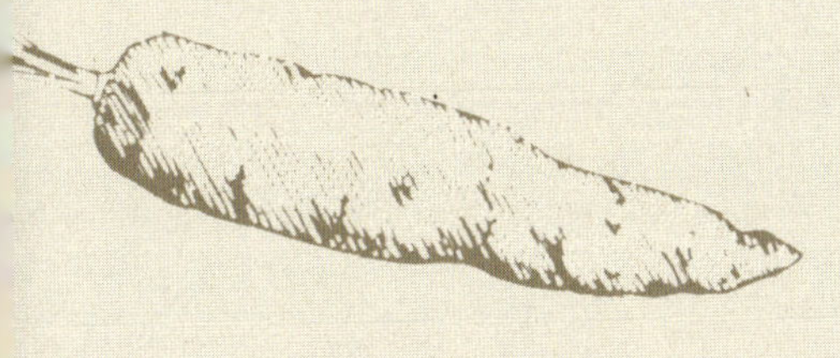

Bigosch

Dieser altpolnische Krauttopf war auch in Pommern sehr beliebt.

Zutaten:
(für 4 Portionen)

500 g Sauerkraut
1 l Gemüsebrühe
400 g Krakauer Würstchen
100 g durchwachsener Speck
2 große Zwiebeln
200 g Pilze
1 TL Kümmel
10 g Rosmarin
100 ml Rotwein
etwas Fett zum Anbraten

Zubereitung:

Den Saft vom Sauerkraut abgießen, in einen Topf geben, die Brühe dazugeben und zum Köcheln bringen.
Die Pilze putzen, in mundgerechte Stücke schneiden und zum Sauerkraut geben.
Den Kümmel und das Rosmarin hinzufügen und alles weiterköcheln lassen.
Die Wurst mit dem Speck und den geschälten und gewürfelten Zwiebeln in ein wenig Fett anbraten und zum Sauerkraut geben.
Den Krauttopf weitere fünf bis zehn Minuten köcheln lassen. Nun den Rotwein hinzugeben und den Topf vom Herd nehmen.
Das Bigosch ist fertig, wenn alle Zutaten gut durchgezogen sind und nur noch wenig Flüssigkeit vorhanden ist.
Am besten schmeckt Bigosch, wenn es nach der Zubereitung über Nacht kühl gestellt und am folgenden Tag nochmals aufgewärmt wird.
Als Beilage eignet sich Brot – in Pommern wurden auch Pellkartoffeln dazu gereicht.

Zwischenmahlzeiten

Pommerscher Kaviar

Pommerscher Kaviar ist eine Delikatesse, die in dieser Form kaum über die Grenzen des Landes hinaus bekannt geworden ist – aber so gut schmeckt, dass die wortkargen Pommern dafür sogar den Begriff „Kaviar" verwenden. Fürstin Bismarck soll diese Speise sogar ihren diplomatischen Gästen serviert und großes Lob dafür geerntet haben. Fernsehkoch Horst Scharfenberg, der dieses Rezept wieder aufgegriffen hat, soll dem damaligen Bundespräsidenten Walter Scheel empfohlen haben, genauso zu verfahren – und der pflichtete ihm bei: „Kulinarische Traditionen sind nun einmal dauerhafter als politische Grenzen."

(Natürlich kann man für das Rezept auch fertiges Gänseschmalz verwenden. Im alten Pommern, wo man ja noch weitgehend selbstversorgerisch wirtschaftete, hat man das Gänseschmalz selbstverständlich selbst hergestellt – der Flomen fiel ja beim Schlachten an.)

Zutaten:
(für 4 Portionen)

250 g Gänseflomen
1 Zwiebel
1 TL getrockneter Majoran
1 TL getrockneter Thymian
1 TL Salz

Zubereitung:

Das Gänsefett einen Tag in kaltem Wasser wässern, dabei das Wasser gelegentlich abgießen und durch neues ersetzen.
Das Gänsefett trocken tupfen, aus der Haut streichen und in kleine Würfel schneiden.
Den Flomen in einem Topf bei milder Hitze etwa 30 Minuten auslassen.
Das flüssige Fett durch ein Feinsieb in eine Schüssel abseihen.
Die Zwiebel schälen, fein hacken, mit den Kräutern und dem Salz in die Schüssel geben und alles gut durchrühren.
Die Schüssel kalt stellen.

Anmerkung:

Pommerscher Kaviar auf eine dicke Scheibe kräftigen Schwarzbrots gestrichen schmeckt wunderbar!

Pommersche Hefeplinsen

Hefeplinsen sind kleine Pfannkuchen aus Hefeteig, wie sie sowohl in Mecklenburg als auch in Pommern gern gegessen wurden. Ihren Ursprung haben sie in der slawischen Küche – wie so viele andere pommersche Rezepte auch.

Zutaten:
(für 4 Portionen)

¼ l lauwarme Vollmilch
½ Hefewürfel
250 g Mehl
50 g Rosinen
80 g Butterschmalz (ersatzweise Speiseöl)
4 Eier
Salz
Öl zum Backen

Zubereitung:

Alle Zutaten, bis auf die Rosinen und das Salz, gut verrühren.
Die Rosinen unterheben, den Teig mit Salz abschmecken und 20 Minuten gehen lassen.
Das Fett in einer Pfanne erhitzen.
Nacheinander handtellergroße Pfannkuchen auf jeder Seite in 5 Minuten goldbraun backen.

Anrichten:

Man kann die Hefeplinsen mit Zimt und Zucker bestreuen oder auch Apfelmus darauf geben.

„Kopparbeit is de schworst", säd de Buer,
„dat seih ik an mienen Ossen."

Krank as'n Haun, mag äten und nix daun.

Die ierst Not möt kiehrt ward'n, säd de Frau,
don makt sei dat Füer mit'n Backeltrog an.

Wat de Jung seggt: „Des Saak is nich tau trugen,
Vadder, legg ierst den Stock dal!"

Pommersche Spruchweisheiten

Pommersche Klöße

Zutaten:

(für 4 große Klöße)

Rotwein zum Garen
250 g Mehl
¼ l Milch
2 Eier
400 g Backobst
1 Nelke
125 g durchwachsener Speck
2 frische Semmeln
125 g geräucherte Mettwurst

Zubereitung:

Das Backobst einweichen und anschließend mit der Nelke im Rotwein garen, so dass es im Topf vollkommen mit Flüssigkeit bedeckt ist.
Mehl, Eier, Milch und Salz in der Küchenmaschine schlagen, bis der Teig Blasen wirft.
Den Speck würfeln und in der Pfanne anbraten, die Brötchen würfeln und dazugeben.
Sind die Brötchenwürfel angeröstet, lässt man den Pfanneninhalt abkühlen.
Die Mettwurst in Würfel schneiden.
Zum Schluss den Teig mit der Speck-Knödel-Masse, den Mettwurstwürfeln und dem Backobst verkneten.
Mit 2 Esslöffeln Klöße abstechen, in viel siedendem Salzwasser 15 Minuten gar ziehen und gut abtropfen lassen.

Anmerkung:

Will man kleinere Klöße gar ziehen, so empfiehlt es sich, das Backobst vor dem Garen zu halbieren und die Mettwurstwürfel möglichst klein zu schneiden.

Eierpfannkuchen mit Speck

Zutaten: (für 10 Pfannkuchen)

20 Eier
125 g Mehl
Salz
½ l Milch
250 g Speck
3-5 EL Butter

Zubereitung:

Die Eier in eine große Schüssel geben, verquirlen, Mehl mit Salz und Milch hinzufügen und gut verrühren. Dann einen halben Liter heißes Wasser untermengen, bis der Teig schön geschmeidig ist.
Den Speck würfeln und in zehn gleichgroße Portionen teilen.
Die erste Portion Speck in einer Pfanne auslassen. Butter dazugeben und schmelzen.
Eine Schöpfkelle voll Teig über den Speck geben.
Sobald der Teig sich hebt, mit dem Pfannenheber daruntergehen und den Teig leicht hochheben, damit Fett nachläuft. Den Eierkuchen auf beiden Seiten goldbraun backen.
Dieser Vorgang wird für die weiteren neun Pfannkuchen wiederholt.

Anmerkung:

Speckpfannkuchen wurden den Landarbeitern gern als Zwischenmahlzeit aufs Feld gebracht.

Plumm un Tüffel

Dieser Kartoffeleintopf aus Vorpommern hat eindeutig mecklenburgische Wurzeln, nur dort und vielleicht noch in Schleswig-Holstein kennt man diese Kombination aus Kartoffeln und Backpflaumen.

Zutaten:

500 g Räucherspeck
3 g Backpflaumen (entsteint)
2 große Zwiebeln
750 g festkochende Kartoffeln
Zitronensaft
1 Nelke
1 Lorbeerblatt
Salz, Zucker, Pfeffer

Für die Mehlschwitze:

1 EL Weizenmehl
1 EL Butter

Zubereitung: Die Backpflaumen über Nacht in Wasser einweichen lassen.
Die Zwiebeln schälen, eine grob würfeln und die andere mit der Nelke und dem Lorbeerblatt spicken.
Den Räucherspeck in einen Topf geben, mit Wasser bedecken und zum Kochen bringen.
Die Zwiebeln mit dem Zucker dazugeben und alles etwa 50 Minuten köcheln lassen.
Die Kartoffeln waschen, schälen und in mittelgroße Würfel schneiden.
Die Backpflaumen durch ein Sieb abseihen.
Sobald das Fleisch fast weich ist, die Backpflaumen und die Kartoffeln mit etwas Zitronensaft in den Topf geben und alles weitere 15 Minuten köcheln lassen.
Aus dem Mehl und der Butter eine hellbraune Mehlschwitze herstellen und so viel Kochflüssigkeit zugeben, dass eine sämige Soße entsteht.
Dann mit Salz, Zucker und Pfeffer abschmecken. Wer mag, kann auch etwas Zimt nehmen.
Das Fleisch aus dem Topf nehmen und in Scheiben aufschneiden.
Die Kartoffeln und die Backpflaumen mit einem Schaumlöffel aus dem Topf nehmen und zur Soße geben.

„Lieber wollen wir das Leben verlieren, als die Freiheit zum Kaufschlagen und dem Handel zur See uns erstrecken lassen, denn frei ist die See, frei wie Atem und Licht, wie Wind und Gewitter."

Die Bürger von Kolberg, als sie ihre Stadt im Jahre 1807 gegen Napoleon verteidigten

Tomaten mit Quark

Zutaten:
(für 6 Tomaten)

6 Tomaten
125 g Quark
4 EL Sauerrahm (Crème fraîche)
3 Radieschen
4 EL gemischte Kräuter
(Petersilie, Schnittlauch, Kerbel, Liebstöckel)
Salz
1 Zwiebel
1 TL edelsüßes Paprikapulver

Zubereitung:

Den Quark mit der Crème fraîche gut verrühren.
Die Radieschen putzen und fein hacken.
Die Kräuter waschen, trocknen und fein hacken.
Die Zwiebel schälen und fein hacken.
Radieschen, Zwiebel und Kräuter unter den Quark mischen und gut mit Salz abschmecken.
Die Tomaten waschen, Deckel abschneiden und aushöhlen.
Den Quark in die ausgehöhlten Tomaten füllen.

Anrichten:

Die Quarktomaten mit Paprikapulver bestreut servieren und zur Dekoration ein paar Kräuter auf die Teller geben.

Käsepfannkuchen

Zutaten:

1 kg Kartoffeln
125 g geriebenen Hartkäse
3 Eier
Salz
1 EL gehackte Petersilie
Butter zum Braten

Zubereitung:

Die Kartoffeln in der Schale kochen, abziehen und durch die Quetsche drücken.
Die noch warmen Kartoffeln mit dem geriebenen Hartkäse, den Eiern und der Petersilie vermischen und mit Salz würzen.
Aus dem Kartoffelteig handtellergroße Omeletts formen.
Die Omeletts in der Butter braun braten.

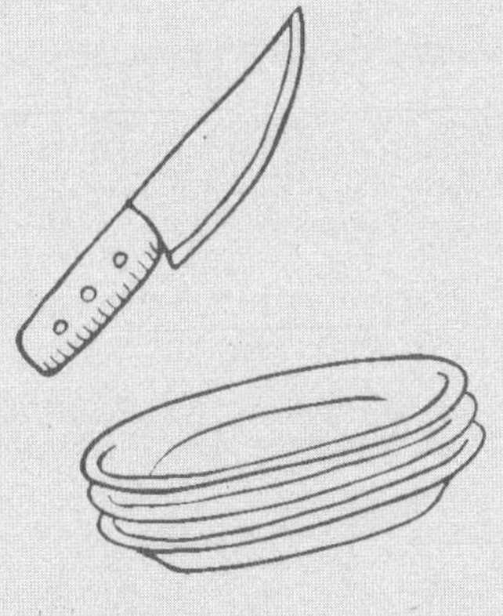

Buttermilchplinsen

Plinsen sind Eierpfannkuchen, wie sie aus der slawischen Küchenkultur in ganz Ostdeutschland eingebürgert wurden.

Zutaten:
(für 4 Portionen)

½ l Buttermilch
150 g Mehl
100 g Zucker
3 Eier
3 EL Öl
1 Prise Salz

Zubereitung:

Die Buttermilch mit dem Mehl, den Eiern und Zucker zu einem glatten Teig verrühren, etwas Salz dazu geben.
Öl in der Eisenpfanne heiß werden lassen und etwas Teig für einen flachen Pfannkuchen hineingeben.
Nach entsprechender Bräunung den Pfannkuchen wenden und fertig backen. Nach und nach den gesamtem Teig verarbeiten, dabei das Öl jeweils erneuern.
Die fertigen Plinsen in einer warm gestellten Porzellanschale übereinander stapeln.

Beilagen:

Plinsen können süß oder herzhaft angeboten werden. Als süße Beilagen eignen sich Apfel- oder Pflaumenmus, bei herzhaften Beilagen sollte man weniger Zucker in den Teig geben.
Plinsen werden mit den Beilagen bestrichen und eingerollt bzw. einmal umgeklappt.
Plinsen schmecken auch kalt!

Eva-Apfel

Zutaten:

1 roter Apfel
Marinade (Essig, Öl, Zucker und Salz)
1 kleine saure Gurke
1 kleine Tomate
1 TL Senf
1 Eigelb

Zubereitung:

Von dem Apfel den Deckel abschneiden und ihn so aushöhlen, dass nur noch eine dünne Wand stehen bleibt.
Das Apfelfleisch in kleine Würfel schneiden und in die Marinade von Essig, Öl, Zucker und Salz legen.
Die klein geschnittene saure Gurke und das klein geschnittene, entkernte Tomatenfleisch ebenfalls in die Marinade legen.
Mit dem Senf, dem Eigelb, Salz und Zucker eine Soße schlagen, dabei tropfenweise das Öl hinzugeben.
Apfelfleisch, Gurke und Tomate aus der Marinade nehmen, mit der Soße vermengen und in den Apfel füllen.

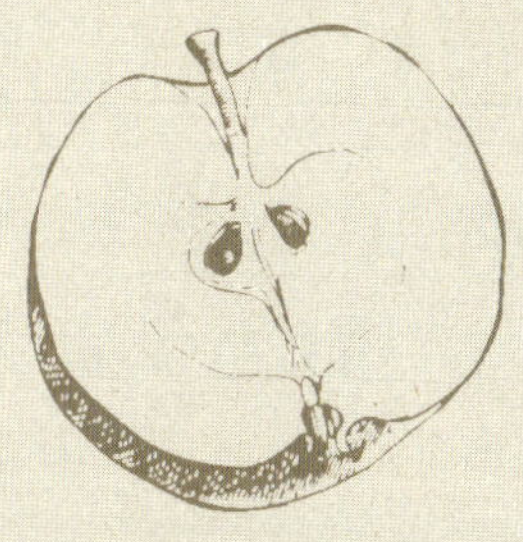

Herr Gott, dat is min Bäden

Herr Gott, dat is min Bäden,
bring du mi eis tau Rauh,
un schlut taum ewgen Fräden
du sülwst min Ogen tau!

Un ick heww noch ein Janken:
Ick mücht – Herr, lat't gescheihn –
Tauletzt noch in Gedanken
Eis min oll Heimat seihn.

Un is denn alls voräwer,
dann führ mi an din Hand
sacht an dat anner Üuwer
in't ewig Heimatland.

Walter Schröder

Kleine Bratwürste

Diese galten als ideale Zwischenmahlzeit bei der Feldarbeit!

Zutaten:

250 g Schweinefleisch
250 g Kalbfleisch
50 g Speck
1 Zwiebel
Salz, Pfeffer, Majoran
Mehl
Butter

Zubereitung:

Das Fleisch anbraten und durch die Maschine drehen.
Speck und Zwiebeln fein würfeln und mit den Gewürzen unter das Fleisch geben.
Aus dem Fleischteig fingerlange Würste formen, in Mehl wälzen und rasch in Butter braten.

Pommersche Apfelgrieben

Zutaten:

500 g Gänseschmalz
500 g Rückenfett vom Schwein
250 g gepökelter, geräucherter Gänsemagen
200 g säuerliche Äpfel
200 g Zwiebeln
Salz, Majoran, Thymian

Zubereitung:

Das Rückenfett waschen, trocken tupfen, in Würfel schneiden, in einen Topf geben und unter ständigem Rühren bei geringer Hitze ausbraten, bis es eine schöne braune Farbe hat. Das flüssige Schmalz durchsieben und die Grieben in einer Schüssel beiseite stellen.

Äpfel und Zwiebeln würfeln, das Gänseschmalz nicht zu stark erhitzen, die Äpfel und Zwiebeln dazugeben, gelegentlich umrühren bis sie gut gebräunt sind, dann abseihen und in die Schüssel mit den Schweinegrieben geben.

Die Grieben mit den Äpfeln, Zwiebeln und dem durch den Wolf gedrehten Gänsemagen mit einer Gabel vermengen, mit etwas Salz und Majoran abschmecken – und schon hat man „Pommersche Apfelgrieben“.

Anmerkung:

In Pommern verzehrte man die Apfelgrieben entweder warm zu Pellkartoffeln oder kalt als Aufstrich auf einer Scheibe Roggenbrot.

Das durchgeseihte Schweine- und Gänsefett kann nach dem Abkühlen für andere Zwecke verwendet werden (z.B. für Rotkohl oder Sauerkraut).

Kartoffel- und Gemüsegerichte

Kartoffeln mit Stippe

Das pommersche Nationalgericht!

„Kartoffeln mit Stippe“ ist der Titel des berühmten Buchs von Ilse Gräfin von Bredow, mit dem sie auf heiter-besinnliche Weise das Landleben im früheren Ostdeutschland schildert.

Doch Stippe sorgt auch noch auf andere Weise für Heiterkeit. Diese Speise galt ursprünglich – wie viele andere pommersche Gerichte - als „Arme-Leute-Essen“. Und da die einfachen Beamten auch relativ arm waren, kam dieses Gericht auch in deren Haushalten häufig auf den Tisch. Dadurch entstand die Bezeichnung der *Beamtenstippe*, ergänzt durch weitere Namen wie *Lehrerstippe* oder *Schneiderstippe*.

Zutaten:
(für 4 Portionen)

100 g durchwachsener Speck
1 große Zwiebel
40 g Mehl
Salz, Essig, Zucker

Beilage:

Kartoffeln (festkochend)

Zubereitung:

Den Speck in Würfel schneiden und in einem Topf auslassen.
Die Zwiebel schälen, würfeln und im Speck glasig braten.
Das Mehl über den Speck mit den Zwiebeln streuen und unter Rühren durchschwitzen.
Unter ständigem Rühren einen halben Liter Wasser so zugeben, dass eine sämige Soße entsteht.
Die Soße mit Salz, Essig und einer Prise Zucker süß-sauer abschmecken.
Als typische Abendmahlzeit wird die Stippe abends zu Pellkartoffeln gegessen.

Süß-saure Speckstippe

Zutaten:

Zwiebeln
Milch
saure Milch
Mehl
Pellkartoffeln
Speck mit Grieben
Essig und Zucker zum Abschmecken

Zubereitung:

Zwiebeln in Milchwasser weich dünsten.
Mehl in so viel saurer Milch verrühren, dass eine sämige, weiße Tunke entsteht.
Pellkartoffeln kochen, abziehen und in Scheiben schneiden. Dann gewürfelten Speck mit Grieben hinzufügen.
Alles mit Essig und Zucker abschmecken.

Anmerkung:

Man kann auch saure Sahne anstelle der sauren Milch verwenden.

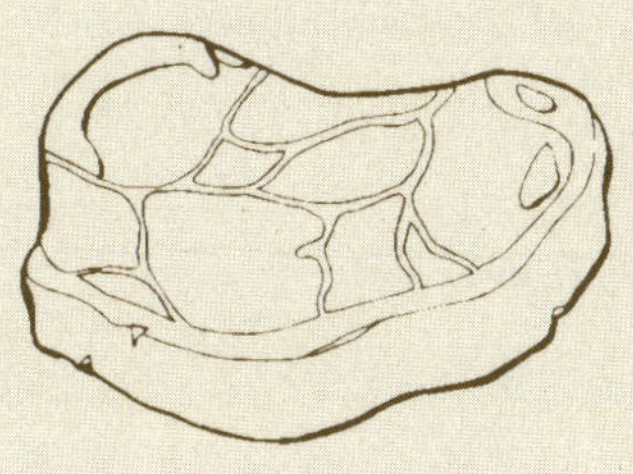

Heimweh nach Rügen

O Land der dunklen Haine,
o Glanz der blauen See,
o Eiland, das ich meine,
wie tut's nach dir mir weh!

Nach Fluchten und nach Zügen
weit über Land und Meer,
mein trautes Ländchen Rügen,
wie mahnst du mich so sehr!

O wie mit goldnen Säumen
die Flügel rings umwebt,
mit Märchen und mit Träumen
Erinn'rung zu mir schwebt!

Sie hebt von grauen Jahren
den dunklen Schleier auf,
von Wiegen und von Bahren,
und Tränen fallen drauf.

O Eiland grüner Küsten!
O bunter Himmelsschein!
Wie schlief an deinen Brüsten
der Knabe selig ein!

Die Wiegenlieder sangen
die Wellen aus der See,
und Engelharfen klangen
hernieder aus der Höh'.

Und deine Heldenmäler
mit moosgewobnem Kleid,
was künden sie, Erzähler,
aus tapfrer Väter Zeit,

von edler Tode Ehren
auf flüchtgem Segelroß,
von Schwertern und von Speeren
und Schildesklang und –stoß?

So locken deine Minnen
mit längst verklungenem Glück
den grauen Träumer hinnen
in alter Lust zurück.

O heißes Herzenssehnen!
O goldner Tage Schein,
von Liebe reich und Tränen!
Schon liegt mein Grab am Rhein.

Fern, fern vom Heimatlande
liegt Haus und Grab am Rhein.
Nie werd' an deinem Strande
ich wieder Pilger sein.

Drum grüß ich aus der Ferne
dich, Eiland lieb und grün:
Sollst unterm besten Sterne
des Himmels ewig blühn!

Ernst Moritz Arndt

Hefekartoffeln

Zutaten:
(für 4 Portionen)

750 g Kartoffeln
60 g Margarine
4 Zwiebeln
1 Päckchen Hefe
40 g Mehl
½ l Fleischbrühe (erhitzt)
Salz
1 Bund Schnittlauch (in Röllchen geschnitten)
Butterflöckchen

Zubereitung:

Die Kartoffeln in der Schale kochen, abgießen, noch warm pellen und in Scheiben schneiden.
Die Margarine zerlassen und die gewürfelten Zwiebeln glasig anbraten.
Die Hefe zu den Zwiebeln geben und unter Rühren flüssig werden lassen.
Das Mehl über die Zwiebeln stäuben und unter weiterem Rühren hell anbräunen.
Den Pfanneninhalt mit der heißen Fleischbrühe ablöschen und 10 Minuten zur Soße durchköcheln lassen.
Die Soße abschmecken und den gehackten Schnittlauch unterrühren.
In eine flache Auflaufform abwechselnd Kartoffelscheiben und Soße einfüllen und auf die letzte Schicht Butterflöckchen setzen.
Die Form in den vorgeheizten Backofen geben und bei 200° Celsius etwa 45 Minuten backen.
Die Hefekartoffeln auf Teller geben und grünen Salat dazu reichen.

Kartoffel-Matjes-Topf

Schon Theodor Fontane liebte die Kartoffel-Herings-Pfanne. Hier wird eine moderne Variante geboten – einfach und doch raffiniert!

Zutaten:
(für 4 Portionen)

1 kg Pellkartoffeln
2 Zwiebeln
75 g durchwachsener Speck
4 Matjesfilets
1 Bund Dill
1 EL Butter
Salz, Pfeffer
1 l Sahne
Butter für die Form

Zubereitung:

Die am Vortag gekochten Kartoffeln schälen und in Scheiben schneiden. Die Zwiebeln schälen und fein hacken, den Speck würfeln, den gewaschenen Dill fein hacken.
Die Matjesfilets quer in Streifen schneiden.
Eine feuerfeste Form mit Butter einfetten.
Die Butter in einer Pfanne erhitzen und den Speck und die Zwiebeln darin glasig braten.
Die Hälfte der Kartoffeln und der Zwiebelmischung in die Form füllen, die Matjesstreifen darüber verteilen, mit Dill bestreuen, dann die restlichen Kartoffeln und die restliche Zwiebelmischung darüber geben.
Die Kartoffelmischung leicht salzen und pfeffern und mit der Sahne übergießen.
Den Auflauf in den kalten Ofen schieben und bei 200° Celsius etwa 45 Minuten backen.
Dazu reicht man Feldsalat.

Den Begriff „Matjes“ für den besonders milden Salzhering benutzte man im alten Pommern nicht. Man kaufte Salzheringe, die man vor der Verwendung wässerte. Das ist heute nicht mehr unbedingt erforderlich.

Kartoffelmehlspeise

Zutaten:

160 g Butter
6 Eigelbe
500 g gekochte, geriebene Kartoffeln
½ EL Salz
etwas abgeriebene Muskatnuss
1 Tasse sauren Rahm
125 g Parmesankäse

Zubereitung:

160 g Butter zu Schaum rühren, nach und nach die Eidotter, die gekochten und geriebenen Kartoffeln, Muskatnuss, den Rahm und den Parmesankäse unterrühren und mit Salz abschmecken.
Die Kartoffelmasse in eine gefettete Form füllen und im Wasserbad 1 Stunde garen.
Die Kartoffelmasse auf eine Schüssel stürzen.

Anrichten:

Die Kartoffelmehlspeise wird als Beilage zu Wild- oder Rindfleischgerichten serviert.

Kartoffelbällchen

Zutaten:
(für 4 Beilagen)

1 kg mehligkochende Kartoffeln
50 g Butter
2 Eier
1 EL Mehl
Salz, Muskatnuss
1 Prise Zucker
1 EL Paniermehl
Öl zum Backen

Zubereitung:

Die Kartoffeln kochen, schälen, ausdampfen lassen und durch eine Kartoffelpresse drücken. Die Butter zu Schaum verquirlen und die Eier, Salz, Muskatnuss und den Zucker unterrühren. Die geriebenen Kartoffeln mit dem Mehl vermengen und mit der Butter vermischen. Aus dem Kartoffelteig Bällchen formen. Die Kartoffelbällchen anschließend paniert in Öl backen.

Anmerkung:

Kartoffelbällchen werden bei Festmahlen als Garnitur zum Hauptgericht gereicht.

Bratkartoffeln mit Schmand

Zutaten:
(für 4 Portionen)

750 g Kartoffeln
2 EL Butter
2 Schalotten
250 g Schmand
Salz, Pfeffer
2 EL frisch gehackter Dill

Zubereitung:

Die Kartoffeln waschen und in der Schale 20 Minuten in Salzwasser garen, abgießen, abkühlen lassen, pellen und in Scheiben schneiden.
Die Schalotten schälen, fein würfeln und in einer Pfanne in Butter glasig dünsten.
Die Kartoffelscheiben in die Pfanne geben, leicht salzen und unter mehrfachem Wenden goldbraun braten.
Drei bis vier Esslöffel Wasser über die Kartoffeln geben und einkochen lassen.
Den Schmand zugeben und eindicken lassen.
Abschließend die Schmandkartoffeln mit Salz und Pfeffer abschmecken und den Dill unterheben.

Anmerkung:

Schmandkartoffeln sind eine ideale Beilage zu kaltem Braten. Dazu wird ein gemischter Salat gereicht.

Uns Noawer

Allens is vergäten,
wat mi dags härt quält,
wenn uns Noawer owends
sine Treckfidel spält.

Buten still is worden
Dörp un Hoff un Huus.
Hen un her in Schummern
schütt de Fleddermuus.

Ok de Sünn güng schlopen,
ut de Wisch steg Dog,
sachting treckt de Käulung
öwer Feld un Brook.

Un mir is so selig,
as wenn nix mi fehlt,
wenn uns Noawer owends
sine Treckfidel spält.

Volkslied aus Pommern

Pommersche Eierpfanne

Zutaten:
(für 1 Portion)

1 kg Kartoffeln
1 Tasse Milch
1 EL Butter
eine Prise Salz
fein gewürfelten Schinken nach Geschmack
6 Eier
etwas Sahne und Semmelmehl

Zubereitung:

Aus den Kartoffeln, der Milch, der Butter und dem Salz einen lockeren Kartoffelbrei schlagen. Diesen anschließend in eine gut gefettete Form streichen.

Mit einem Löffel etwa sechs kleine Gruben in den Brei drücken und in jede etwa einen Teelöffel voll gewürfeltem Schinken geben und ein Ei schlagen.

Alles mit etwas Sahne begießen, mit Semmelmehl bestreuen und mit Butterflöckchen belegen.

Das Gericht im Ofen goldgelb überbacken.

Anrichten:

Diese herzhafte Mahlzeit wird mit Tomatentunke serviert.

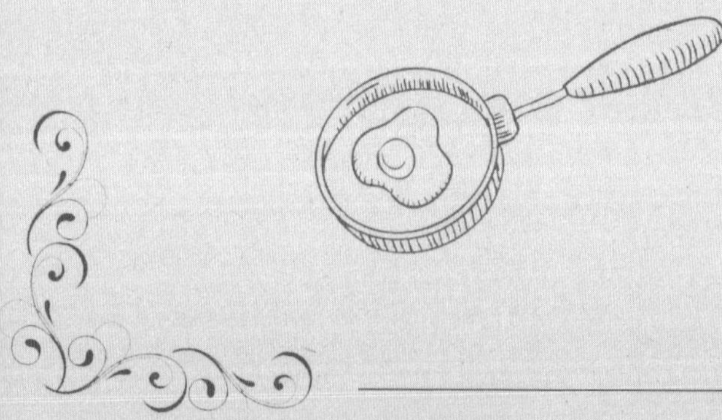

Stampfkartoffeln mit Buttermilch

Zutaten:
(für 4 Portionen)

500 g geschälte Kartoffeln
¼ l Buttermilch
Salz, Pfeffer, Muskat
100 g geräucherter Speck
1 EL Mehl

Zubereitung:

Die Kartoffeln in Salzwasser kochen, das Wasser abgießen, die Kartoffeln zerstampfen und zugedeckt warm halten (in Pommern wickelte man dafür den Kochtopf in ein Handtuch und stellte ihn ins Federbett).
Den gewürfelten Speck in der Pfanne anbraten, das Mehl langsam einrühren und danach die Buttermilch soweit zugeben, bis eine dickliche Soße entstanden ist.
Die Speck-Buttermilchsoße auf die zerstampften Kartoffeln gießen, alles gut umrühren und abschließend mit Salz, Pfeffer und Muskat abschmecken.

Anrichten:

Besonders lecker sind die Stampfkartoffeln, wenn man noch frische Petersilie oder Schnittlauch unterrührt, dazu ein frisches Glas Buttermilch, ein grüner Salat und ein gebratenes Spiegelei – alles zusammen ein beliebtes Hauptgericht für den Alltag.

Danziger Kartoffelsalat

Zutaten:
(für 8 Portionen)

3 kg Kartoffeln
2 mittelgroße Zwiebeln
2 Tassen Mayonnaise
2 saure Gurken
3 hartgekochte Eier
1 EL Kapern
6 Sardellenfilets
etwas Fleischwurst
etwas saure Sahne
Salz, Pfeffer

Zubereitung:

Die Gurken, die Eier, die Sardellenfilets und die Fleischwurst fein würfeln, mit den Kapern in die Mayonnaise geben und alles etwa zwei Stunden durchziehen lassen.
Die am Vortag in der Schale gekochten und gepellten Kartoffeln in Scheiben schneiden.
Die Zwiebeln pellen und in Streifen schneiden.
Alle Zutaten untereinander vermengen, je nach Geschmack etwas saure Sahne dazugeben und abschließend den Kartoffelsalat mit Salz und Pfeffer abschmecken.

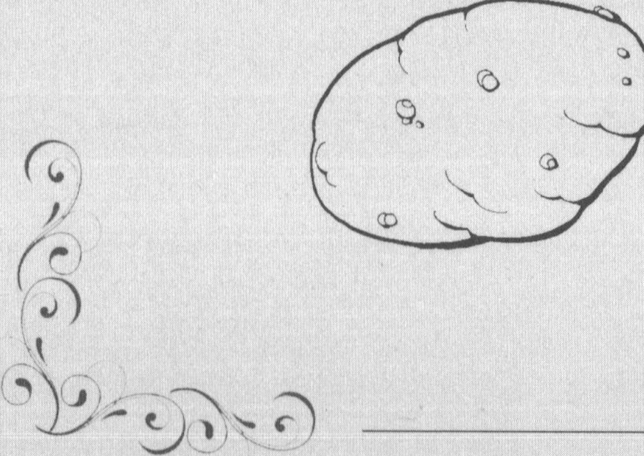

Sauerampfer-Kartoffel-Topf

In dem stark selbstversorgerisch ausgerichteten Leben auf dem pommerschen Land hat man sehr viel mehr als heute genutzt, was die Natur an Essbarem bereitstellt. Inzwischen hat man sich wieder auf diese „Tugend der Natur" zurückbesonnen, und da kommt ein Gericht wie der „Sauerampfer-Kartoffel-Topf" gerade recht.

Zutaten:
(für 4 Portionen)

500 g Sauerampfer
1,5 l Gemüsebrühe
4 Eier
500 g Kartoffeln
Salz
375 ml saure Sahne
1 EL Mehl
35 Butter
2 Eigelbe
Zucker

Zubereitung:

Den Sauerampfer verlesen, putzen, gut waschen und in der Gemüsebrühe in etwa 15 Minuten garen.
Die Eier hart kochen. Die Kartoffeln schälen und in wenig Salzwasser garen.
Den Sauerampfer und die Kartoffeln in der Brühe pürieren und die so entstandene Suppe erneut aufkochen.
Das Mehl in die saure Sahne rühren und die Suppe unter Rühren damit binden.
Die Butter in der Suppe zerlassen.
Die Eigelbe verquirlen, in die nicht mehr kochende Suppe rühren und diese mit Zucker abschmecken.
Die Eier pellen und in Scheiben schneiden.
Die Sauerampfersuppe auf Teller füllen und mit den Eischeiben garniert servieren.

Warme Zwiebeln mit Matjessalat und Bratkartoffeln

Zutaten:
(für 4 Portionen)

Für die gefüllten Zwiebeln:	8 mittelgroße rote Zwiebeln ¼ l Weißwein Lorbeerblätter Schwarze Pfefferkörner Senfkörner
Für den Matjessalat:	8 zarte Matjesfilets 2 Becher Crème fraîche 4 EL frische Milch 3 Äpfel 4 kleine Essiggurken Salz, frisch gemahlener Pfeffer Zitronensaft 2 EL gehackter Dill
Für die Kartoffeln:	750 g festkochende Kartoffeln 4 EL Butterschmalz 2 Zwiebeln Salz, frisch gemahlener Pfeffer

Zubereitung:

Die Zwiebeln putzen und aushöhlen, so dass nur noch ein Rand von 2 Zwiebelringen stehen bleibt. Das Innere für den Matjessalat aufbewahren. Den Weißwein und einen halben Liter Wasser mit den Gewürzen aufsetzen, zum Kochen bringen, die Zwiebeln darin knackig garen, abtropfen lassen und mit Alufolie bedeckt warm halten.

Die Matjesfilets von restlichen Gräten befreien und in schmale Streifen schneiden. Aus Crème fraîche und Milch eine Soße rühren, die fein gehackten Zwiebeln, die in feine Streifen geschnittenen Äpfel und die fein gewürfelten Gurken zufügen, gut mischen und mit Pfeffer, Zitronensaft und Salz abschmecken. Die Matjesstreifen unterheben und den gehackten Dill darüber streuen.

Die Kartoffeln in der Schale kochen, pellen, abkühlen lassen und in feine Scheiben schneiden. Die Zwiebeln sehr fein wiegen, mit den Kartoffeln in Butterschmalz goldbraun braten, mit Salz und Pfeffer abschmecken.

Anrichten:

Die noch warmen Zwiebeln mit Matjessalat füllen und mit dem restlichen Salat zusammen servieren. Die Bratkartoffeln getrennt dazu reichen.

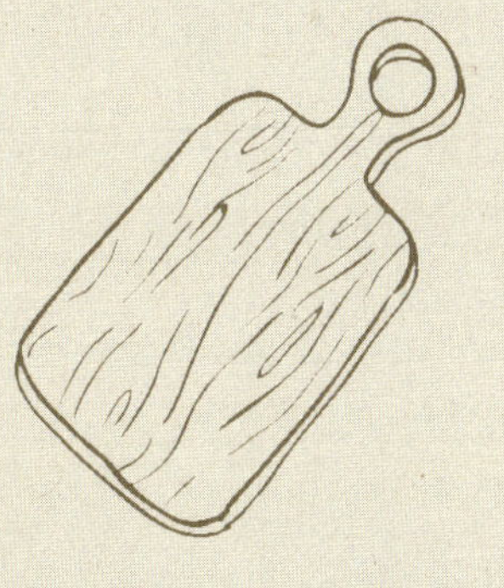

„De pommersch Bur, de is to kenn,
wenn hei't Gewehr fött bi dal En,
wenn hei de Kolben fluschen lett
un – wenn hei dicke Arwten frett…"

Fritz Reuter in
„Läuschen un Rimels" (1853)

Blumenkohlauflauf

Zutaten:
(für 4 Portionen)

1 Blumenkohl
etwa 50 g Butter
¾ l Milch
2 Eigelbe
Salz
375 g Mehl
12 g Backpulver
Eischnee

Zubereitung:

Den Blumenkohl in kochendem Salzwasser mit etwas Muskat halbgar kochen, zerteilen, mit Butterflocken bedecken und in eine Auflaufform geben.
In der Milch die Eigelbe zerquirlen, salzen und unter ständigem Rühren langsam das Mehl und das Backpulver zugeben.
Den aus den Eiweißen geschlagenen Schnee vorsichtig darunter heben.
Die Soße über den Blumenkohl gießen, 30 g Butter darüber verteilen und eine Dreiviertelstunde bei schwacher Hitze im Backofen backen.

Blumenkohl in der Haube

Zutaten:
(für 4 Portionen)

1 Blumenkohl
70 g Butter
3 Eigelbe
2 EL geriebenen Käse
6-8 EL Mehl
6-8 EL sauren Rahm
1 Prise Salz
Eischnee

Zubereitung:

Den Blumenkohl bissfest garen und auskühlen lassen.
Die Butter mit den Eigelben, dem Käse, dem Mehl, dem Rahm und dem Salz gut verrühren, zuletzt den aus den Eiweißen geschlagenen Schnee unterheben.
Eine Backschüssel mit Fett gut ausreiben, die kleinere Hälfte vom Teig hineingeben; zuerst den Blumenkohl und dann die andere Hälfte vom Teig darauf geben.
Den Blumenkohl bei mittlerer Hitze etwa eine halbe Stunde im Backofen braun backen.

Anrichten:

Den gebackenen Blumenkohl mit Salaten auftragen.

Weißkohlpudding

Zutaten:
(für 4 Portionen)

1 Weißkohl
Fleischbrühe
1 kg Gehacktes halb und halb
2 altbackene Semmeln, gerieben
2 Zwiebeln
2 Eier
Salz, Pfeffer und Kümmel
Butter für die Form
Paniermehl für die Form

Für die Soße: Brühe, Mehl, Butter

Zubereitung:

Vom Kohl die äußeren Blätter entfernen, den Kohl hobeln und in Fleischbrühe halbgar kochen. Dabei Kümmel in einem Musselinsäckchen ins Kochwasser geben.
Aus dem Gehackten mit der geriebenen Semmel, den Eiern und den klein gehackten Zwiebeln, mit Salz und Pfeffer gewürzt, einen Fleischteig kneten.
Eine ausreichend große Puddingform mit Butter ausstreichen, mit Paniermehl ausstreuen und den erkalteten Kohl sowie das Fleisch abwechselnd fingerdick in die Form schichten.
Den Weißkohlpudding zwei Stunden im Wasserbad kochen.
Danach den Weißkohlpudding in eine Schüssel stürzen.
Zum Weißkohlpudding eine Soße aus der Kohlbrühe, die mit Schwitzmehl (wie es in den alten pommerschen Kochbüchern heißt) sämig gemacht wurde, bereiten.

Pommersche Schmorgurken

Zutaten:
(für 4 Portionen)

1 kg Schmorgurken
4 Tomaten
Tomatenmark
Paprikapulver
Salz, Pfeffer, Zucker
Fett
Gemüsebrühe

Zubereitung:

Die Gurken schälen, mit einem Löffel entkernen und in grobe Würfel schneiden.
Die Tomaten waschen, entkernen und in Würfel schneiden.
In einem Topf das Fett auslassen, die Gurken hineingeben und gut anschmoren, danach etwas Gemüsebrühe zugeben.
Nach einer Viertelstunde Garzeit die Tomaten und das Tomatenmark zu den Gurken geben und alles mit Salz, Pfeffer und einer Prise Zucker abschmecken.
Abschließend das Gurkengemüse noch 15 bis 30 Minuten köcheln lassen, bis die Tomatenstücke zerfallen sind.

Anrichten:

Das Gurkengemüse ist eine ideale Beilage zu Bratklopsen. Dazu werden Salzkartoffeln gereicht.

Anmerkung:

Wer keine Tomatenhaut in der Soße haben will, muss die Tomaten vor dem Entkernen überbrühen und ihre Haut abziehen.

Pommersche Heide

Pommersche Heide, pommersches Moor,
kümmerlich kommt ihr dem Fremdling vor.

Nirgend ein Garten, nirgend ein Baum –
Wollkraut und Weidicht gedeihen hier kaum.

Nirgend ein Häuschen, nirgend ein Dorf –
Schwärzliche Gräben und Haufen Torf.

Selbst im Frühling kein Vogellied –
Kiebitz nur schreitet im hohen Ried.

Graue Nebel jahraus, jahrein –
Erlkönigs Töchter im Mondenschein.

Pommersche Heide, pommersches Moor,
denk ich nur euer, so jauchz' ich empor:

Jugend und Liebe und Heimatluft
Grüßen durch Nebel und Heideduft.

Hugo Kaeker

Dicke Bohnen mit Schweinebacke

Zutaten:
(für 4 Portionen)

1 kg dicke Bohnen
¼ l Fleischbrühe
Bohnenkraut
500 g Schweinebacke, geräuchert
40 g Butter
40 g Mehl
¼ l Milch
Salz, Pfeffer
1 Bund Petersilie

Zubereitung:

Die Bohnen aus den Hülsen lösen und in einen Topf mit der Fleischbrühe geben, das Bohnenkraut hinzufügen.
Die Bohnen im zugedeckten Topf fünfundzwanzig Minuten kochen.
Die Schweinebacke in einem weiteren Topf in etwas Wasser eine Stunde sieden.
Die Butter erhitzen, das Mehl unter Rühren goldgelb schwitzen, dann die Bohnenkochbrühe und die Milch unter weiterem Rühren zugießen.
Die Soße gut durchkochen lassen und mit Salz und Pfeffer abschmecken.
Die Soße unter die Bohnen geben und die gehackte Petersilie darüber streuen.
Die Schweinebacke aus der Brühe nehmen, aufschneiden und auf eine vorgewärmte Platte geben, dazu die Bohnen in der Soße und Salzkartoffeln reichen.

Pilzragout süß-sauer

Zutaten:
(als kleine Beilage)

1 kg Pilze
100 g gewürfelter durchwachsener Speck
3 EL Butter
Salz, Pfeffer
1/8 l Sahne
etwas Mehl
Essig
Zucker

Zubereitung:

Die Pilze (Champignons oder Pfifferlinge) verlesen, gut putzen und in mundgerechte Stücke schneiden.
Den gewürfelten Speck in der Butter bräunen.
Die Pilze zugeben, 15 Minuten im eigenen Saft dünsten, vorsichtig salzen und kaum pfeffern.
Die vorher mit dem Mehl verrührte Sahne zugeben.
Die Pilze abschließend nach Geschmack vorsichtig mit Essig und Zucker süß-sauer abschmecken.

Beilage:

Das süß-saure Pilzragout wird zu Petersilienkartoffeln oder Knödeln gereicht.

Gurkensalat

Zutaten:
(für 4 große Beilagenportionen)

500 g Gartengurken
250 g Schmand
Saft einer halben Zitrone
1 TL Zucker
Salz, Pfeffer
2 EL frisch gehackter Dill

Zubereitung:

Die Gurken waschen und in feine Scheiben hobeln.
Aus Schmand, dem Zitronensaft, Zucker, Salz und Pfeffer eine Salatsoße bereiten.
Die Gurkenscheiben in einer Schüssel mit der Schmandsoße vermischen. Den Dill unterheben und den Salat 10 Minuten ziehen lassen.
Dill-Gurkensalat eignet sich als Beilage zu allen herzhaften Fleischspeisen.

Mehlspeisen

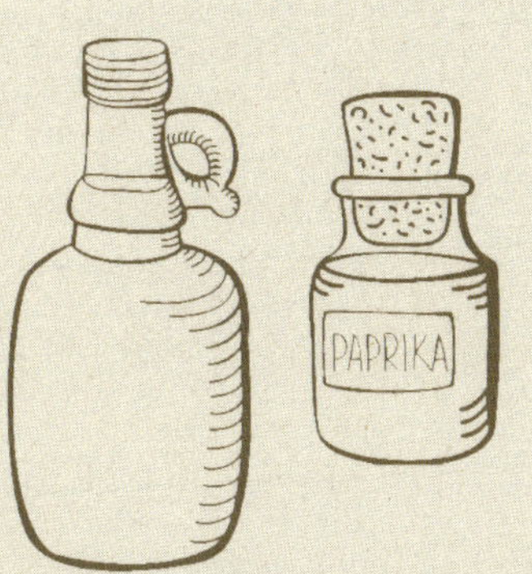

Pommersche Kliebensuppe

Klieben sind kleine Klöße, wie man sie auch aus Mecklenburg kennt. Liebevoll werden sie in Pommern „Klackerklieben" genannt.

Zutaten:

1 l Milch
10 EL Zucker
1 Stange Zimt
Zitronenschale
150 g Mehl
3 Eier
Korinthen

Zubereitung:

Aus den Zutaten Mehl, Eier, Zucker, Salz und einer Handvoll Korinthen einen zähflüssigen Teig rühren.
Die Milch mit dem Zucker und den Gewürzen aufkochen.
Mit einem Teelöffel, den man zuerst in die kochende Suppe taucht, Klößchen vom Teig abstechen.
Die Klößchen nach und nach in die Suppe gleiten lassen.
Die Suppe 20 Minuten kochen lassen, dann ist sie servierfertig.

Anmerkung:

Bevor man mit dem Löffel einen neuen Kloß aus dem Teig aussticht, diesen vorher immer einen Augenblick in die kochende Suppe tauchen, damit sich der Kloß vom Löffel löst.

Schwemmklößchen

Schwemmklöße waren in Pommern beliebte Einlagen in Kirsch- oder Fliederbeersuppen.

Zutaten:

¼ l Milch
250 g Mehl
2 Eier
1 TL Butter
½ TL Salz
Muskatnuss

Zubereitung:

Die Milch mit der Butter, Salz und Muskat in einen Topf geben und aufkochen lassen.
Den Topf zur Seite ziehen, das gesiebte Mehl zugeben und gründlich verrühren.
Danach den Topf noch einmal kurz auf die Herdplatte stellen.
Den heißen Kloß in eine Schüssel geben.
In die erkaltete Teigmasse die Eier einrühren.
Mit einem nassen Löffel kleine Klöße formen, diese in Salzwasser oder Brühe geben und fünf Minuten garen lassen.

Grießklößchen

Zutaten:

250 ml Milch
50 g Butter
100 g Grieß
2 Eier
1 TL Grieß
Salz, Muskatnuss

Zubereitung:

Die Milch mit der Butter aufkochen.
Den Grieß unter ständigem Rühren in die Milch geben und zu einem abgebrannten Teig kochen.
In die noch heiße Teigmasse kommen ein Ei sowie etwas Salz und Muskatnuss.
Ist die Teigmasse abgekühlt, kommt das zweite Ei hinzu.
Mit einem Löffel kleine Klößchen vom Teig abstechen und in einer klaren Brühe einige Minuten ziehen lassen.

Anmerkung:

Grießklößchen in klarer Brühe werden gern als Vorsuppe zu einem Menu gereicht.

Dree Dag, dree Dag, dree lustige Dag
nahher denn kümmt de ewige Plag
denn fehlt dat an Grütt
denn fehlt dat an Mehl
un so ´ne hart Dag
kam ümmer un väl.

Dree Dag, dree Dag, dree lustige Dag,
nahher denn kümmt de ewige Plag:
denn fehlt dat an Grütt,
denn fehlt dat an Mehl,
denn fehlt dat an dit
un an dat un an väl.

Dree Dag, dree Dag, dree lustige Dag,
nahher denn kümmt de ewige Plag:
denn fehlt dat an Grütt,
denn fehlt dat an Mehl,
denn schriegen de Kinner:
„Uns hungert so väl!"

Volkslied aus Pommern

Apfelknödel

Der auch in Pommern beliebte Apfelknödel kann seine böhmische Herkunft unschwer verleugnen.

Zutaten:

1 kg Äpfel
300 g Zucker
1 EL Wein
½ l Milch
1 Ei
Mehl nach Bedarf
Butter
Zucker
Zimt

Zubereitung:

Die Äpfel schälen und würfeln, mit Zucker und Wein 1 Stunde ziehen lassen.
Danach die Milch dazugeben und unter kräftigem Schlagen so viel Mehl daran rühren, dass ein fester Teig entsteht.
Wenn sich der Teig löst, das Ei dazugeben.
Längliche Klöße aus dem Teig formen und diese zugedeckt in Salzwasser kochen.

Anrichten:

Die Apfelknödel in der Mitte zerreißen.
Zucker, Zimt und Butter darüber geben und als Nachspeise, evtl. auch mit einer Fruchtsoße, reichen.

Ausgebackene Grießknödel

Zutaten:

200 g Butter
500 g Weizengrieß
16 Eier
Paniermehl
Zucker, Zimt

Zubereitung:

In einer Kasserolle einen Liter Wasser mit der Butter zum Kochen bringen.
Den Weizengrieß unter ständigem Rühren in das Wasser geben.
Wenn sich der Grieß von der Kasserolle löst, den Teig noch eine halbe Stunde auf niedriger Flamme weiterrühren.
Den Teig in einer Schüssel auskühlen lassen.
Dann die Eier hineinschlagen, die Zitronenschale hineinreiben und alles gut durchrühren.
Von dem Teig mit einem Löffel Stücke in der Größe eines Hühnereis abstechen, rund formen und in Paniermehl wälzen.
Danach die Klöße in siedendem Fett goldbraun ausbacken, auf Küchenpapier entfetten und mit Zucker und Zimt bestreut heiß servieren.

Dampfnudeln

Dampfnudeln, süß oder herzhaft zubereitet, haben aus Süddeutschland Einzug in die pommersche Küche gehalten.

Zutaten:

500 g Mehl
Salz
1 Würfel Hefe
400 ml Milch
75 g Zucker
2 Eier
80 g Butter
abgeriebene Zitronenschale
1 Päckchen Vanillezucker

Für den Topf:

50 g Butter
1 EL Zucker
300 ml Milch

Im Unterschied zu Germknödeln werden Dampfnudeln in einem Topf mit Deckel gleichzeitig gebraten und gedämpft, so dass sie einen knusprigen Boden und eine weiche Oberfläche erhalten. Beim Garvorgang entwickeln sie die an ihrer Unterseite so typische goldbraune Kruste. Vorsicht ist geboten, denn die Dampfnudeln brennen im Topf an, daher auch das leichte Knistern bei der Bereitung. Deshalb benutzten die Hausfrauen in Pommern für Dampfnudeln eine gusseiserne Pfanne. Heute gibt es dafür die Antihaftbeschichtung in Pfannen und Töpfen.

Zubereitung:

Aus Mehl, Salz, Hefe, der erwärmten Milch, Zucker, den Eiern, der Butter, der Zitronenschale und dem Vanillezucker einen weichen, zarten Hefeteig bereiten.
Den Teig sehr gut abschlagen, bis er fein und glänzend ist, dann mit einem Tuch bedeckt gehen lassen.
Mit einem Esslöffel zehn kleinere bis fünfzehn größere Nudeln abstechen, rund formen und auf einem bemehlten Brett nochmals gehen lassen.
Die Milch in einem flachen Topf mit gut schließendem Deckel erwärmen, die Butter und den Zucker hinzugeben und die gegangenen Nudeln einsetzen.
Die Nudeln bei langsam zunehmender Hitze zum Kochen bringen, anfangs bei mäßiger, dann bei schwacher Hitze etwa 40 Minuten garen, bis alle Flüssigkeit eingezogen ist, wobei der Deckel nicht abgenommen werden darf.
Die Dampfnudeln sind fertig, wenn man sie im geschlossenen Topf vom Boden her knistern hört („krachen“ sagte man in Pommern).
Dann den Topf vom Herd nehmen und die Dampfnudeln einige Minuten auskühlen lassen.

Anrichten:

Die Dampfnudeln mit dem Pfannenheber vom Topfboden lösen und mit Vanillesoße servieren. Dazu gibt es Blaubeerkompott – eine wahre Köstlichkeit!

Mudder Witsch, Mudder Witsch, kiek mi mal an,
wur ick den Bummel-Schott'schen danzen kann!
Bald uppe Hacken, bald uppe Tehn!
O Mudder Witsch, wur geiht dat schön!

Mudder Witsch, Mudder Witsch, wat's dat för'n Ding,
wat gistern Abend in 'n Gasten ging?
Half witt, half schwart, het rode Been':
so'n Ding heww'k noch min Leven nich sehn.

Tanzlied

Semmelknödel

Zutaten:

3 Brötchen
120 ml Milch
½ Zwiebel
1 EL Petersilie
10 g Butter
1 Ei
10-20 g Mehl
Pfeffer, Salz, Muskat

Zubereitung:

Die Brötchen in feine Scheiben oder Würfel schneiden und in eine Schüssel geben.
Die Milch aufkochen, darüber gießen, alles kurz durchmischen, einen Deckel auflegen und 30 Minuten ziehen lassen.
Die halbe Zwiebel pellen und fein würfeln, die Petersilie abspülen, trocknen und fein hacken.
In einer Pfanne die Butter auslassen, die Zwiebelwürfel und die Petersilie kurz darin andünsten und zu den Brötchen geben.
Ein mittelgroßes Ei zufügen und das Mehl unterkneten, wobei die Menge von der Eigröße abhängig ist.
Den Knödelteig mit Salz, Pfeffer und Muskat würzen und gut durchkneten, bei zu klebriger Konsistenz noch etwas Mehl zufügen.
Mit angefeuchteten Händen gleichgroße Semmelknödel formen, wobei die Hände nach jedem Semmelknödel wieder neu mit Wasser befeuchtet werden sollten.
In einem großen Topf ausreichend Salzwasser zum Kochen bringen, dann die Temperatur herunterschalten.
Die Knödel in das siedende Salzwasser geben und bei mittlerer Temperatur etwa 20 Minuten ziehen lassen.
Sobald die Semmelknödel an die Oberfläche steigen, sind sie gar.
Die Knödel mit einer Schaumkelle aus dem siedenden Wasser nehmen und gut abtropfen lassen.

Anmerkung:

Knödel eignen sich als Beilage zu Schweine- und Wildbraten.
Übrig gebliebene Knödel können für eine nächste Mahlzeit in Scheiben geschnitten und in Butter gebraten werden. Dazu reicht man gebratene Speckwürfel, in denen gewürfelte Zwiebeln glasig gedünstet wurden.

Apfelklöße

Zutaten:

750 g säuerliche Äpfel
50 g Semmelmehl
130 g Mehl
50 g Kartoffeln
50 g Butter
130 g Zucker
2 Eier
2 Eigelbe
5 EL Milch
Zucker, Zimt

Zubereitung:

Die Äpfel schälen und in kleine Würfel schneiden.
Die Kartoffeln am Vortag waschen, kochen, pellen und zur Zubereitung der Klöße in entsprechender Menge reiben.
Alle Zutaten zu einem Teig rühren.
Auf einem mit Semmelmehl bestreuten Brett aus dem Teig Klöße formen.
Die Klöße etwa fünfzehn Minuten in Salzwasser gar ziehen lassen, dann mit einer Schaumkelle aus dem Topf nehmen und auf Küchenpapier abtropfen lassen.

Anrichten:

Die Apfelknödel in eine Schüssel geben, mit Zucker und Zimt bestreuen und mit geschmolzener Butter übergossen servieren.

Kartoffelklöße

Zutaten:

2 kg Kartoffeln
125 g durchwachsenen Speck
1 große Zwiebel
3 Brötchen
Butter
Salz
3 Eier
9 EL Mehl

Zubereitung:

Die am Vortag gekochten und gepellten Kartoffeln reiben.
Den Speck würfeln, die Zwiebel pellen und würfeln und beides in Butter anbraten.
Die Brötchen würfeln und ebenfalls rösten.
Das Salz, die Eier und das Mehl zu den geriebenen Kartoffeln geben und alles durcheinandermengen.
Mit der Hand runde Klöße aus der Kartoffelmasse formen, in Mehl wälzen und zehn Minuten in kochendem Salzwasser gar ziehen lassen.

Pommernland

Einst hörte ich, dass man von meinem Heimatlande,
von meinem Pommern, recht verächtlich sprach,
ein ödes Land sei es, im Sumpf und Sande,
und Pommernvolk sei weit den andern nach!

Ich sprach: Verzeiht, darf ich mal fragen?
Habt ihr mein Pommern überhaupt gesehen,
saht ihr auf Rügen unsere Stubnitz ragen
und unserer Stubbenkammer Felsen stehn?

Zogt ihr entlang den Forellenbächen,
durch Täler weit, beim lieblichen Polzin,
saht ihr die körnerschweren Weizenflächen,
bei Pyritz, Rügenwalde und Demmin?

Saht bei Stettin ihr wohl die vielen Masten,
wie sie geschäftig ziehen ihre Bahn,
wie sie bei Tag und Nacht nicht rasten,
und saht ihr schon den mächtigen Vulkan?

Seid ihr die Oder aufwärts schon gefahren
und zoget ihr hinab den Oderstrom,
saht ihr den Ostseespiegel schon, den klaren,
und schrittet ihr durch Pommerns Waldesdom?

Habt Rügenwalder Spickbrust ihr gegessen,
Stralsunder Flundern und Kösliner Wurst,
Habt ihr in Pommern irgendwo gesessen,
mit pommernbräu zu löschen euren Durst?

Und lerntet ihr schon Pommerns Frauen kennen,
die stets das Herz am rechten Fleck,
und höret ihr schon Pommerns Männer nennen:
Ernst Moritz Arndt, Joachim Nettelbeck?

Und auch in diesem Völkerringen
hat Pommerntreue sich so oft bewährt,
Daheim die Pommern jedes Opfer bringen,
wenn draußen kämpft das Pommernschwert!

Das sagte ich, und alle, alle schwiegen,
sie schwiegen, weil mein Wort sie überwandt,
so wird mein Wort stets die besiegen,
die dich verachten, Pommernland.

Verfasser unbekannt

Das Gedicht erschien während des Ersten Weltkriegs
in einer Feldzeitung.

Pommersche Klöße

Schlackwurst ist eine in eigentlich allen niederdeutschen Regionen in den Schlackdarm (Mastdarm des Schweins) gefüllte Wurst. In ihrer Konsistenz ähnelt sie am ehesten der Zervelatwurst.
Schlackwurst ist eine Rohwurst aus fein gemahlenem Schweinefleisch, Rindfleisch und Speck, gewürzt mit Pfeffer und Branntwein und mit Pökelsalz versetzt. Abschließend wird die Wurst kalt geräuchert.

Zutaten:
(für 4 Klöße)

250 g Mehl
2 Eier
250 ml Milch
Salz
125 g durchwachsener Speck
2 Semmeln
125 g Schlackwurst
400 g Backobst
1 Glas Rotwein
1 Gewürznelke
geriebene Schale von 1 Zitrone

Zubereitung:

Das eingeweichte Backobst mit den Gewürzen im Rotwein garen.
Das Mehl mit den Eiern, der Milch und dem Salz in der Küchenmaschine schlagen, bis der Teig Blasen wirft.
Den Speck würfeln und anbraten, die Brötchen würfeln, dazugeben, anrösten und alles abkühlen lassen.
Die Schlackwurst in Würfel schneiden.
Alle Zutaten zu einem Teig verkneten.
Mit zwei Esslöffeln Klöße abstechen, in viel Salzwasser fünfzehn Minuten gar ziehen und gut abtropfen lassen.

Fleisch-
gerichte

Rindfleisch-Kohl-Topf

Neben Kartoffeln und Getreide stellte Kohl die drittwichtigste Ackerfrucht in der pommerschen Ernährung dar. Unter den Rindern war vor allem das Schwarzbunte Niederungsrind in Pommern verbreitet. Diese robuste Rasse, die von Holland bis Ostpreußen gezüchtet wurde, gab bei guter Milchleistung auch qualitativ hochwertiges Fleisch ab.

Zutaten:
(für 4 Portionen)

500 g Rindfleisch (Brust ohne Knochen)
1 Zwiebel
4 Gewürzkörner (Piment)
1-2 Lorbeerblätter
1 l Fleischbrühe
Salz, Pfeffer, Kümmel, Zucker
750 g Wirsingkohl
4 Möhren
500 g Kartoffeln
1 TL gemahlener Kümmel

Zubereitung: Das Fleisch in einen Topf geben.
Die Zwiebel schälen, in Ringe schneiden und dazugeben.
Pimentkörner und Lorbeerblatt der Brühe hinzufügen.
Das Fleisch in der Brühe etwa 60 Minuten garen.
Das Gemüse putzen: beim Kohl den harten Strunk entfernen und die Kohlblätter fein hobeln, die Möhren schälen und klein schneiden, die Kartoffeln schälen und würfeln.
Das Fleisch aus der Brühe nehmen, diese abseihen und das Fleisch warm stellen.
Den Kohl mit den Möhren und den Kartoffeln mit Kümmel, Salz und Pfeffer in die Brühe geben und in etwa 25 Minuten garen.
In den letzten 10 Minuten das in Würfel geschnittene Fleisch wieder dazugeben.
Abschließend den Rindfleisch-Kohl-Topf mit Zucker abschmecken und servieren.

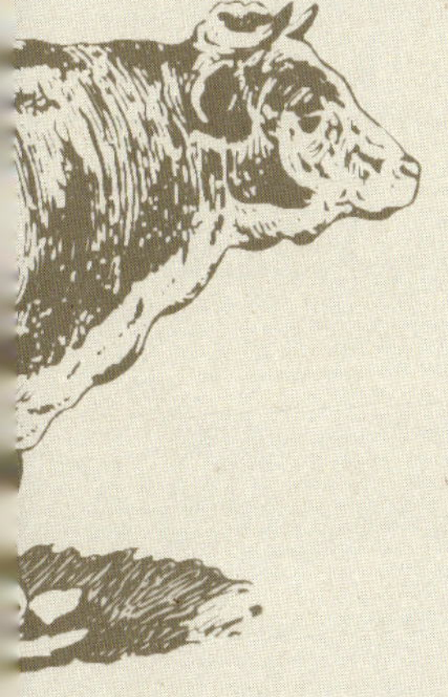

Sauerbraten „pommersche Art“

Zutaten:

600 g schieres Rindfleisch
125 g Räucherspeck
40 g Butterfett
1 EL Mehl
1 Gewürzkorn (Piment)
2 Gewürznelken
Buttermilch

Zubereitung:

Den Speck in dünne Streifen schneiden, damit das Fleisch spicken, dann in einen kleinen Steintopf legen und mit Buttermilch begießen, bis das Fleisch bedeckt ist.
Die Gewürze zugeben und drei Tage zugedeckt kühl stellen.
Danach das Fleisch herausnehmen und gut abtropfen lassen.
Das Fleisch von allen Seiten braun anbraten und aus der Kasserolle nehmen.
Das Mehl in der Kasserolle goldbraun werden lassen, mit Buttermilch zur Soße füllen, das Fleisch wieder hineinlegen und 90 Minuten auf kleiner Flamme unter wiederholtem Umrühren garen.
Bei Bedarf ab und zu ein paar Löffel heißes Wasser zugießen und darauf achten, dass die Soße die erwünschte Konsistenz hat, wenn das Fleisch gar ist.
Als Beilagen eignen sich Kartoffelklöße und Rotkohl.

Pfefferfleisch „pommersche Art“

Zutaten:
(für 4 Portionen)

4 Rinderrouladen à 125 g
2 EL Butterschmalz
100 g Frühstücksspeck
250 ml Fleischbrühe
5 Gewürzkörner (Piment)
5 Pfefferkörner
1 Lorbeerblatt
3 Zwiebeln
Salz, Pfeffer
Mehl zum Binden

Zubereitung:

Die Rouladen trocken tupfen und gut klopfen.
Das Butterschmalz in einer großen Pfanne erhitzen, darin den gewürfelten Frühstücksspeck anbraten.
Die Fleischscheiben einmal teilen und ebenfalls anbraten.
Die Fleischbrühe in die Pfanne gießen, so dass das Fleisch bedeckt ist.
Die Zwiebeln schälen und fein hacken.
Die Piment- und Pfefferkörner mit dem Lorbeerblatt und den Zwiebeln zugeben.
Alles bei geringer Temperatur ca. 2 Stunden schmoren.
Das Fleisch mit den Speckwürfeln aus der Soße nehmen, diese mit Mehl binden und mit Salz und Pfeffer abschmecken.

Anrichten:

Zum Pfefferfleisch passen Klöße und ein gemischter Salat.

Rindfleisch mit Meerrettich

Zutaten:
(für 4 Portionen)

1 kg Rinderbrust
1 Suppengemüse
Salz, Pfeffer
40 g Mehl
50 g Margarine
50 g Meerrettich
1 Zitrone
30 g Butter
Petersilie

Zubereitung:

Die vorbereitete Rinderbrust in einem Liter siedenden Wasser ansetzen.
Das Suppengemüse putzen, klein schneiden, zugeben und alles auf kleiner Flamme weich kochen.
Zur Bereitung einer hellen Schwitze Fett in einer Pfanne erhitzen, Mehl einstäuben, alles gut vermengen, mit der durchgeseihten Brühe unter ständigem Rühren auffüllen und mit Meerrettich, Zitronensaft, Salz und Pfeffer abschmecken.
Die Soße etwas ziehen lassen, dann mit Butter veredeln.
Das Rindfleisch in Scheiben schneiden und auf eine vorgewärmte Platte geben.

Anrichten:

Das Fleisch mit der Soße übergießen und mit gehackter Petersilie bestreuen.
Dazu Bouillonkartoffeln auftragen.

Senffleisch

Zutaten:
(für 4 Portionen)

600 g Rindfleisch
Salz, Pfeffer, Kümmel
1 Nelke, zerstoßen
Selleriesalz
3 große Zwiebeln, klein gehackt
1 Salatgurke
3 Scheiben Schwarzbrot
2 EL scharfer Senf
Küchenkräuter, nach Saison, gehackt

Zubereitung:

Das Fleisch in Würfel schneiden, salzen und pfeffern und mit Kümmel würzen.
Das Fleisch in einen Topf geben, mit Wasser auffüllen, so dass das Fleisch bedeckt ist. Dann die Nelke, das Selleriesalz und die geschälten und klein gehackten Zwiebeln zugeben.
Das Fleisch zugedeckt garen lassen.
Die Salatgurke würfeln und mit dem fein gehackten Brot und dem gegarten Fleisch vermengen.
Nochmals aufkochen bis die Soße sämig ist.
Zum Schluss Senf und gehackte Kräuter zugeben.

Anrichten:

Salz-, Petersilien- oder Bratkartoffeln eignen sich als Beilage. Dazu serviert man einen gemischten Salat.

Allens hätt en End,
blot de Wurscht hä twee.

De Gaus s en slichten Vagel,
taum Frühstück tau veel,
tau Middag tau wenig.

Wenn de Brade versolten,
is de Köksch verleiwt.

Pommersche Spruchweisheiten

Kalbsbraten „altpommersche Art“

Die Mengenangaben sind einem alten pommerschen Kochbuch entnommen und zeigen, wie viele Portionen früher in den Haushalten satt werden sollten. Das galt gleichermaßen für ländliche als auch für die bürgerlich städtischen Haushalte. Angemerkt wird übrigens im Kochbuch, dass man das Fleisch am besten zwei Tage nach dem Schlachten (im Winter waren es fünf Tage) verarbeitet. Man klopft es, wäscht es ab und häutet es – dann kann es losgehen!

Zutaten:

(für ein großes Essen)

6 bis 7 kg Kalbfleisch
375 g Butter
Speck zum Spicken
Salz
250 ml Sahne

Zubereitung:

Das Fleisch mit dem Speck spicken.
In einer großen Bratpfanne die Butter erhitzen und dann den Braten mit der gespickten Seite hineinlegen.
Nach einer halben Stunde den Braten wenden, dann erst salzen.
Danach kommt der Braten in den vorgeheizten Backofen und wird bei nicht zu starker Hitze anderthalb Stunden gebraten und dabei immer wieder begossen.
In der letzten halben Stunde gießt man die Sahne hinzu.
Ganz zum Schluss gibt man noch ein wenig Wasser an die Soße, weil sie sonst zu dick ist.
Ist die Hitze im Backofen zu groß, verbrennt die Butter.
Wiegt der Braten nur fünf Kilo, beträgt die Backzeit im Ofen nur eine Stunde.

Rindfleischgelee

Was heute ganz vornehm Rindfleisch in Aspik heißt, nannte man im alten Pommern schlicht Rindfleischgelee.

Zutaten:

1 kg Rindfleisch aus der Hüfte
1 kg Kalbsknochen
25 g Pökelsalz
10 g Zucker
2 Zwiebeln
10 Gewürznelken
20 Pfefferkörner
10 Lorbeerblätter
1 Bund Suppengemüse
6 Blatt Gelatine
Salz, Pfeffer

Für die Einlage:

verschiedene Gemüse (klein geschnittene Möhre, Salzgurke, Blumenkohl usw.)
klein gewürfeltes und hartgekochtes Ei

Zubereitung:

Zur Vorbereitung des Gelees eine Woche zuvor das Rindfleisch pökeln, dazu dieses in gleichgroße Würfel schneiden und dicht an dicht in eine Schüssel mit Deckel geben, Pökelsalz und Zucker untermischen und dieses mindestens eine Woche in den Kühlschrank stellen, dabei alle zwei Tage umrühren.

Die Knochen mit Wasser bedecken und zusammen mit den Zwiebeln und den Gewürzen eine kräftige Brühe kochen.

Die Brühe einige Zeit köcheln, dann abgießen und zum Entfetten erkalten lassen.

Am nächsten Tag das Rindfleisch in der entfetteten Knochenbrühe weich kochen.

Die Brühe mit dem Fleisch nochmals mit Salz und Pfeffer abschmecken und abgießen.

Das Fleisch zerfasern und abwechselnd mit dem Gemüse und den Eiwürfeln in kleine Einmachgläser schichten.

Die Gelatine auflösen und in die heiße Brühe geben und diese über das Fleisch in den Gläsern gießen.

Abschließend die Gläser 1 Stunde bei 95° C sterilisieren und danach langsam abkühlen lassen.

Rindfleisch mit Pflaumen

Zutaten:

1 kg Rindfleisch
300 g Backpflaumen
Salz, Pfeffer
125 g Speck
3 Zwiebeln
1 Lorbeerblatt
3 Gewürzkörner (Piment)
1 Bund Suppengrün
40 g Fett
30 g Mehl

Rindfleisch un Plummen is en schön Jericht,
blot, wi kreejen't nich!

Fritz Reuter

Zubereitung:

Am Vortag die Backpflaumen einweichen.
Zwei Liter Salzwasser zum Kochen bringen, das Rindfleisch, ein durchwachsenes, aber nicht zu fettes Stück sowie den Speck hineinlegen, langsam aufkochen und abschäumen.
Eine der Zwiebeln, das Lorbeerblatt und die Gewürzkörner dazugeben.
Die Brühe auf kleiner Flamme eine Stunde sieden lassen.
Das geputzte Suppengrün im Ganzen dazugeben und eine halbe Stunde mit der Brühe sieden lassen.
Das Suppengrün herausnehmen, würfeln und warm stellen.
Einen halben Liter der Brühe abfüllen.
Die eingeweichten Pflaumen mit dem Einweichwasser zum Fleisch geben und weitere zwanzig Minuten sieden lassen.
Das Fett zerlassen, die restlichen Zwiebeln schälen, fein hacken, dazugeben und glasig dünsten.
Das Mehl über die Zwiebeln stäuben, unter Rühren durchschwitzen und die Brühe unter weiterem Rühren zugeben.
Die Soße gut zehn Minuten köcheln lassen und mit Salz und Pfeffer abschmecken.

Anrichten:

Das Rindfleisch aus der Brühe nehmen, aufschneiden, auf einer Platte anrichten und mit den Pflaumen umgeben.
Zum Rindfleisch werden die Zwiebeln, Salzkartoffeln und das geschnittene Gemüse in der Rinderbrühe gereicht.

„Oller, Oller, her, her,
gif mi Kees un Botter her.
Mäkes gäwt den Kälwer wat,
gäwt ehr lewer öfter wat,
is bäter as to väl.
Kleen Fisch, de mag ick nich,
de stäken mi in'n Kehl;
groten Fisch, de mag ick wol,
de kosten mit to väl."

Der bekannteste Brauch zum Pfingstfest war in Pommern das „Vogelabschießen". Dabei wurde mit Holzkeulen nach einem Vogel auf einer Stange geworfen. Schaffte man es, den Reichsapfel in seiner rechten Kralle abzuwerfen, wurde man zum Kronprinz. Wenn man sogar seinen Rumpf abschoss, wurde man König. Die Eltern des Königs mussten dann das anschließende Fest bezahlen. Es war auch möglich, dass die Jungen bei allen anwesenden Eltern Spenden zur Bezahlung des Festes sammelten. Dies taten sie dann mit diesem Spruch, mit welchem sie sich ein paar Gaben erbaten.

Kalbszunge mit brauner Soße

Zutaten:

(für 4-6 Portionen)

1 Kalbszunge
1 Möhre
1 Stck. Sellerie
1 Stck. Porree
1 Zwiebel
1 Lorbeerblatt
10 Gewürzkörner (Piment)
10 Pfefferkörner
1 EL Mehl
1 EL Butter
100 ml Weißwein
2 EL Kapern

Zubereitung:

Die Kalbszunge mit dem geputzten und gewürfelten Gemüse und den Gewürzen ohne die Kapern so lange köcheln, bis die Haut sich an der Zungenspitze leicht lösen lässt (2 - 2,5 Std.).
Die Zunge aus der Brühe herausnehmen und die Haut entfernen.
Die Soße durchsieben, das Gemüse mit etwas Brühe pürieren.
Das Mehl in der Butter anschwitzen, mit dem Weißwein ablöschen und dann die Soße etwas reduzieren. Die Brühe dazugeben, von dem Gemüsepüree so viel hinzufügen, bis die gewünschte Konsistenz erreicht ist.
Die Kapern fein hacken und auch zur Soße geben.
Abschließend die Soße mit Salz und Pfeffer abschmecken.
Die Zunge in Scheiben schneiden und in der Soße erhitzen.
Die Kalbszungenscheiben aus der Soße nehmen, auf Teller legen, Soße darüber gießen und Salzkartoffeln dazu servieren.

Kalbsbraten mit Stachelbeersoße und Buchweizenknödeln

Ein Gericht, wie es heute in einem vorpommerschen Restaurant in der Tradition altpommerscher Gerichte angeboten wird. Um das Bratenaroma in der fruchtigen Soße zur vollen Entfaltung zu bringen, schmort der Koch den Braten im Niedrigtemperaturbereich.

Zutaten:
(für 6 Portionen)

2 kg Kalbfleisch aus der Keule,
Salz, Pfeffer
Öl
¼ Sellerieknolle
4 Zwiebeln
1 Karotte
400 g Stachelbeeren
1-2 EL Zucker
1 TL Zimt
400 ml Weißwein
500 ml Brühe
300 ml süße Sahne
6 Eigelbe
180 g Buchweizengrütze
70 g Grieß
120 g Hartweizengrieß
850 ml Geflügelbrühe
120 g Butter
1 Prise gemahlene Macisblüte
gemahlene Korianderkörner
1 Messerspitze Piment
3 Eier

Zubereitung:

Das Fleisch mit Salz und Pfeffer würzen und gut anbraten.
Das Fleisch aus der Pfanne nehmen, das geputzte und klein geschnittene Wurzelgemüse mit den geschälten und gewürfelten Zwiebeln bräunen.
Das Gemüse mit dem Weißwein ablöschen, die Soße reduzieren und mit der Brühe auffüllen.
Das Fleisch mit den Stachelbeeren (einige zur Dekoration beiseitestellen), Zimt und Zucker zu dem Ansatz geben.
Alles zusammen abgedeckt im Ofen bei 75° C etwa zehn Stunden garen.
Das Fleisch aus dem Topf nehmen und warm stellen.
Die Soße aufkochen, durch ein feines Sieb passieren und abschmecken.
Die Eigelbe mit der Sahne mixen und in die nicht mehr kochende Soße einrühren.
Die beiseitegestellten Stachelbeeren in die Soße geben.
Dann die Hälfte der Buchweizengrütze anrösten, mit der anderen Hälfte der Grütze und dem Grieß mischen und zusammen mit der Butter in der Brühe unter Rühren aufkochen.
Die Masse bei mittlerer Hitze mit einem Holzlöffel rühren, bis sie relativ fest ist und sich auf dem Topfboden eine helle Schicht gebildet hat, mit den Gewürzen pikant abschmecken, die Eier einarbeiten.
Den Buchweizen-Grieß-Teig auskühlen lassen und Knödel daraus rollen, die man in siedendem Salzwasser gar ziehen lässt.

Anrichten:

Das Fleisch in Scheiben schneiden, die Soße in eine Sauciere geben, die Knödel in eine Schüssel füllen und einen gemischten Salat dazu servieren.

Lammkoteletts in Kräutersoße

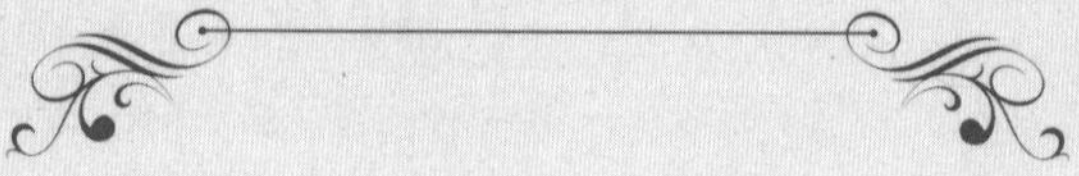

Zutaten:
(für 6 Portionen)

2 kg Lammkoteletts
125 g Sardellen
geriebene Zitronenschale
1 EL Kapern
Kräuter (Petersilie, Basilikum, Estragon, Rauke, Schnittlauch)
etwas Bouillon
Mehl

Zubereitung:

Die Sardellen abwaschen und fein hacken.
Die Kräuter fein hacken.
Die Sardellen mit zwei Esslöffeln Petersilie, einem halben Esslöffel Basilikum, einem halben Löffel Estragon sowie etwas Rauke und Schnittlauch zu einem Brei verrühren.
Die Koteletts vom Randfett befreien, vom Knochen alles Fleisch abschaben und diese mit einem Beil auf 2 Zentimeter Länge kürzen.
Die Koteletts mit der flachen Seite eines Beils vorsichtig klopfen.
Erst unmittelbar vor dem Braten die Koteletts pfeffern und salzen.
In einer Pfanne Butter hellbraun erhitzen, die Koteletts hineingeben, die Knochen des Öfteren mit Butter übergießen, damit sie nicht rot aussehen und von jeder Seite 2 Minuten braten.
Danach gibt man die Koteletts mit den Knochen nach außen und leicht überlappend nach und nach in eine vorgewärmte Schüssel.
Nunmehr kommt der Kräuterbrei in die Pfanne, in die man ebenfalls eine mit Bouillon verfeinerte Mehlschwitze gibt, so dass eine ausreichende und nicht zu fette Soße entsteht.
Zum Servieren wird die Soße über die Koteletts in der Schüssel gegeben.

Anrichten:

Zu den Kräuterkoteletts reicht man kleine Kartöffelchen, die man in der Schale gekocht, dann gepellt und anschließend in der Pfanne mit einem Zweig Rosmarin angebraten hat.

Anmerkung:

Rauke ist die alte deutsche Bezeichnung für Rucola. Genauer gesagt handelt es sich um die Senfrauke (*Eruca sativa*), die schon bei den Germanen sehr beliebt war, galt sie doch als die Potenz fördernd. Über die Römer kam die Pflanze in den Mittelmeerraum, geriet aber in Deutschland in Vergessenheit. Sie war auch wegen des scharfen Geschmacks wenig beliebt, wurde aber durchaus Kräutermischungen zugesetzt, wie dieses pommersche Lammgericht zeigt. Im Zuge des modernen Trends zur mediterranen Küche kommt Rauke als Rucola wieder häufiger bei uns auf die Teller.

Das Rauhwollige Pommersche Landschaf

Bei dem Rauhwolligen Pommerschen Landschaf handelt es sich um eine genügsame, robuste Landrasse, ein mittelrahmiges mischwolliges Tier von etwa 60 Kilogramm Gewicht. Kopf und Gliedmaßen setzen sich schwarz vom Körper ab. Beide Geschlechter sind hornlos. Ihre lange spinnfähige Mischwolle ist grau bis fast schwarz. Viele der pommerschen Güter hielten große Schafherden, fast alle Büdner - wie die Kleinbauern in Pommern genannt wurden - hatten wenigstens ein paar Tiere davon. Sie boten ihnen Wolle und Fleisch für ihren Eigenbedarf und der anfallende Dünger wurde zur Bodenverbesserung eingesetzt.
Rauhwollige Pommersche Landschafe sind witterungsbeständig und trotzen dem Regen, der Nässe und kaltem Wind. Dies hat Einfluss auf ihre Wolle, die sich so besonders gut für witterungsfeste Pullover und Jacken eignet. Fischer schätzten ihre grobe, graublaue Wolle, weil sich daraus die von ihnen benötigte, zweckmäßige Wind und Wetter abweisende Bekleidung herstellen ließ.
Viele der alten deutschen, schlichtwolligen Landrassen wie etwa das Pommersche Landschaf verloren mit dem Aufkommen der Textilindustrie Mitte des 19. Jahrhunderts an Bedeutung, weil seither die feinere Wolle der Merino-Schafe aus Spanien den Markt bestimmte. Die zunehmende Favorisierung leistungsstarker Nutztierrassen machte die rauhwolligen Tiere zu einer in ihrer Existenz bedrohten Kulturrasse. Heute setzt man die genügsamen Tiere vor allem als autochthone Rasse zur Landschaftspflege ein. Hierfür gibt es im Bundesland Mecklenburg-Vorpommern entsprechende Förderprogramme, so dass ihr Bestand für die Zukunft gesichert ist.

Hammeltopf mit Kümmel

Früher hat man die Schafe der Wolle wegen länger gehalten als die heutigen Fleischschafe. Dazu kommt, dass es heute Lammfleisch das ganze Jahr über gibt, damals hingegen nur zur Osterzeit. So nahm man meistens Hammelfleisch, von dem man des Geschmacks wegen tunlichst die Fettränder abschnitt.

Zutaten:
(für 4 Portionen)

500 g Lammfleisch
2 Zwiebeln
½ l Fleischbrühe
1 TL Kümmel
1 TL Speisestärke
Pfeffer
Salz, 1 Prise Zucker

Zubereitung:

Das Fleisch säubern, in mundgerechte Stücke schneiden und salzen.
Die Zwiebeln schälen und in Spalten schneiden.
Das Fleisch mit den Zwiebeln in einen Topf geben und mit der Brühe bedecken.
Den Kümmel hinzufügen.
Das Fleisch in etwa 60-75 Minuten garen, dabei den beim Kochen entstehenden Schaum abschöpfen.
Das Fleisch aus der Brühe nehmen und diese mit der in Wasser angerührten Speisestärke sämig binden.
Das Fleisch zurück in die Soße geben, kurz aufkochen und mit Salz, Pfeffer und etwas Zucker abschmecken.

Anrichten:

Zum Hammeltopf mit Kümmel serviert man Salzkartoffeln.

Hammelkeule

Zutaten:
(für 4 Portionen)

1 Hammelkeule (ca. 1,5 kg ohne Knochen)
750 ml Buttermilch
100 g geräucherter Speck
1 EL Butter
350 ml Wildbrühe
150 ml saure Sahne
1 Zwiebel
3 Wacholderbeeren
1 Lorbeerblatt
2 Nelken
100 g Pfifferlinge
2 EL Mehl

Zubereitung:

Die Hammelkeule von Häuten und Sehnen befreien, in einer Schüssel mit der Buttermilch übergießen und einige Tage marinieren lassen.
Die Keule abspülen und trocken tupfen.
Den Speck in Streifen schneiden, mit einem Teil davon das Fleisch spicken und den Rest in einem Bräter in Butter auslassen.
Die Keule in dem Bräter von allen Seiten anbraten.
Die Keule mit der Wildbrühe und einem Drittel der Sahne angießen (die Keule muss bedeckt sein).
Die Zwiebel schälen und in Ringe schneiden und mit den Wacholderbeeren, dem Lorbeerblatt und den Nelken dazugeben.
Nunmehr die Keule abgedeckt im vorgeheizten Backofen bei 175° C zwei Stunden schmoren lassen.
Die Keule aus dem Bräter nehmen und warm stellen.
Die Pfifferlinge putzen, evtl. klein schneiden und im Bratenfond garen, dann den Rest der Sahne zufügen.
Das in etwas Wasser angerührte Mehl zur Bindung der Soße unter Rühren in den Fond geben, dann die Soße noch etwa 10 Minuten köcheln lassen und abschließend durch ein Sieb seihen.

Anrichten:

Das Fleisch der Keule in Scheiben schneiden, die Soße in eine Sauciere geben und dazu Kartoffeln und Preiselbeeren reichen.

Schweinerücken mit Kirschsoße

Zutaten:
(für 4 Portionen)

1 kg Schweinerücken, ohne Knochen
Salz und Pfeffer
1 Zwiebel
2 Karotten
1 Stück Sellerie
100 g Schattenmorellen (aus dem Glas)
100 ml Kirschsaft
200 ml Gemüse- oder Fleischbrühe
1 EL Majoran
je 1 TL Salbei und Thymian
200 ml Sahne
etwas dunkler Soßenbinder

Zubereitung:

Den Schweinerücken mit Salz und Pfeffer würzen und in einen gewässerten Römertopf legen.
Die Zwiebel, die Karotten und den Sellerie fein würfeln, mit den Kirschen zum Fleisch geben, dann Kirschsaft und Brühe angießen, mit Majoran, Salbei und Thymian bestreuen.
Den geschlossenen Römertopf in den kalten Backofen geben, diesen auf 190° C stellen und das Fleisch 1 ½ bis 2 Stunden garen.
Nach Ende der Garzeit das Fleisch herausnehmen und warm stellen.
Die Soße pürieren und mit der Sahne in einem Topf erhitzen, mit dem Soßenbinder andicken und abschmecken.

Anrichten: Den Schweinerücken in Scheiben schneiden, auf eine Platte legen und mit der Soße sowie Rosenkohl oder Rotkraut und Salzkartoffeln servieren.

Anmerkung: Anstelle von Kirschsaft kann auch Rotwein genommen werden.

In einem altpommerschen Kochbuch findet man das Rezept für „Schweinerücken mit Kirschsoße" wie folgt:
Man schneidet die Schwarte und soviel Speck herunter, dass das Fett nur zweifingerhoch auf dem Braten stehen bleibt, begießt diesen mit Wasser, tut das nötige Salz dazu und lässt ihn weichbraten 2 ½ Stunde. Dann reibt man grobes Roggenbrot, schüttet es über den Braten und drückt es etwas an, streut dann ein wenig Zucker darüber und lässt es braten, dass es braun wird. Glaubt man, dass die Kruste festsitzt, wird er begossen wie vorher. Auch gibt man eine Kirschsauce dazu.

Schweinebraten

Typisch für die pommersche Küche ist die Verbindung von herzhaft und süß – in diesem Rezept wird der Schweinebraten mit Pflaumen gefüllt.

Zutaten:
(für 4 Portionen)

750 g Schweinebraten
150 g getrocknete Pflaumen, entsteint
1 EL Butterschmalz
Salz, Pfeffer, Zucker
1 Zwiebel
3 Gewürzkörner (Piment)
2 Nelken
500 ml Fleischbrühe
1 EL Speisestärke
Petersilie als Verzierung

Zubereitung:

Die gewaschenen Pflaumen zwei Stunden in Wasser einweichen, dann abtropfen lassen.
In den Schweinebraten eine Tasche schneiden (kann auch schon der Metzger gemacht haben), die Pflaumen einfüllen und die Tasche zunähen.
Das Fett in einem Bräter erhitzen.
Den Schweinebraten mit Salz und Pfeffer einreiben und von allen Seiten gut anbraten.
Die geschälten und gewürfelten Zwiebeln mit den Gewürzen zum Braten geben und diesen mit Brühe angießen.
Den Braten eine Stunde gar schmoren, aus dem Bräter nehmen und warm stellen.
Die Soße durch ein Sieb streichen.
Die Speisestärke in wenig Wasser auflösen und in die Soße einrühren.
Die gebundene Soße mit Salz, Pfeffer und einer Prise Zucker abschmecken.

Glück

Sonntagsruhe, Dorfesstille,
Kind und Knecht und Magd sind aus,
unterm Herde nur die Grille
musizieret durch das Haus.

Tür und Fenster blieben offen,
denn es schweigen Luft und Wind,
in uns schweigen Wunsch und Hoffen,
weil wir ganz im Glücke sind.

Felder rings – ein Gottessegen,
Hügel auf- und niederwärts,
und auf stillen Gnadenwegen
stieg auch uns er in das Herz.

Theodor Fontane

Saure Rippchen

Saure Rippchen waren in Pommern ein beliebtes Abendessen. Sie wurden auf Vorrat zubereitet oder in Gläsern eingekocht.

Zutaten:
(für 4 Portionen)

1 kg Schweinerippchen
2 Schweinefüße
1 Bund Suppengrün
Salz
¼ l Essig

Zubereitung:

Die Schweinerippchen vom Metzger in etwa 10 Zentimeter große Stücke teilen lassen und diese in zweirippige Streifen schneiden.
Die Schweinefüße mit kaltem Wasser aufsetzen und bei kleiner Hitze etwa anderthalb Stunden kochen.
Dann die Rippchen mit dem geputzten und gewürfelten Gemüse und Salz dazugeben.
Alles zusammen zum Kochen bringen und dann eine weitere Dreiviertelstunde sieden lassen.
Die Rippchen herausnehmen und nebeneinander in eine Schüssel legen.
Die Brühe durch ein Sieb gießen.
Ein Liter der Brühe mit dem Essig mischen und über die Rippchen gießen.

Anrichten:

Zu den sauren Rippchen Bratkartoffeln reichen.
Als Beilagen eignen sich saures Gemüse oder ein gemischter Salat.

Bratklopse

Zutaten:
(für 4 Portionen)

2 Brötchen vom Vortag
1 Zwiebel
500 g gemischtes Hackfleisch
1 Ei
2 EL gehackte Petersilie
Salz, Pfeffer
100 g Paniermehl
4 EL Bratfett
1 EL Mehl
250 ml Brühe

Zubereitung:

Die Brötchen in warmem Wasser einweichen und gut ausdrücken.
Die Zwiebel schälen und fein hacken.
Die Brötchen mit dem Hackfleisch, der Zwiebel, dem Ei und der Petersilie in einer Schüssel zu einem Teig kneten und mit Salz und Pfeffer abschmecken.
Aus dem Teig 8 Bratklopse formen und in dem Paniermehl wenden.
Das Fett in einer Pfanne erhitzen und die Bratklopse darin von beiden Seiten knusprig braten.
Die Klopse aus der Pfanne nehmen und warm stellen.
Das Mehl in den Bratensatz rühren, mit der Brühe ablöschen und einköcheln lassen.

Anrichten:

Je zwei Bratklopse auf einen Teller geben, mit der Soße übergießen und Bratkartoffeln dazu reichen.

Falscher Hase

Die Ähnlichkeit mit einem Hasenrücken hat diesem Gericht seinen Namen gegeben.

Zutaten:
(für 4 Portionen)

2 Brötchen vom Vortag
1 Zwiebel
500 g gemischtes Hackfleisch
2 Eier
Salz, Pfeffer, 1 Prise Zucker
100 g geräucherter Speck
Speckscheiben
1 EL Butter
150 g Paniermehl
200 ml Fleischbrühe
100 g Pfifferlinge
125 g Schmand

Zubereitung:

Die Brötchen in Wasser einweichen, gut ausdrücken.
Die Zwiebel schälen und fein hacken.
Das Hackfleisch mit den Brötchen, der Zwiebel und den Eiern zu einem Teig verkneten und den gewürfelten Speck unter das Fleisch mischen.
Eine Kastenform mit Butter einfetten, den Fleischteig hineingeben, mit den Speckscheiben belegen, das Paniermehl darüber streuen und im vorgeheizten Backofen bei 180° C eine Stunde braten.
Den Hackbraten in der Form abkühlen lassen und herausnehmen.
Die Brühe in die Form gießen und den Bratensatz lösen, in einen Topf sieben und aufkochen.
Die geputzten und evtl. klein geschnittenen Pilze in die Soße geben und diese nochmals aufkochen.
Das Mehl in den Schmand rühren, die Soße damit binden und diese abschließend mit Salz, Pfeffer und etwas Zucker abschmecken.

Anrichten:

Wie anders könnte es in Pommern sein – zum Falschen Hasen gibt es Salzkartoffeln.

Dei Äppel föllt nich wiet von' Stamm,
so as dat Schap is uk dat Lamm.

Wo man singt, da laß dich ruhig nieder,
säd de Düwel un sett 't sick mit 'n Nors in 'n Immenschwarm.

Des Not heww'k mit sülwst andahn, säd de Oß,
dor müßt hei sinen eigen Meß up't Feld führen.

Mi kannst woll weglopen, äwer unsen Herrgott nich, säd de Bur,
as de Voß mit 'ne Gans weglöp.

Pommersche Spruchweisheiten

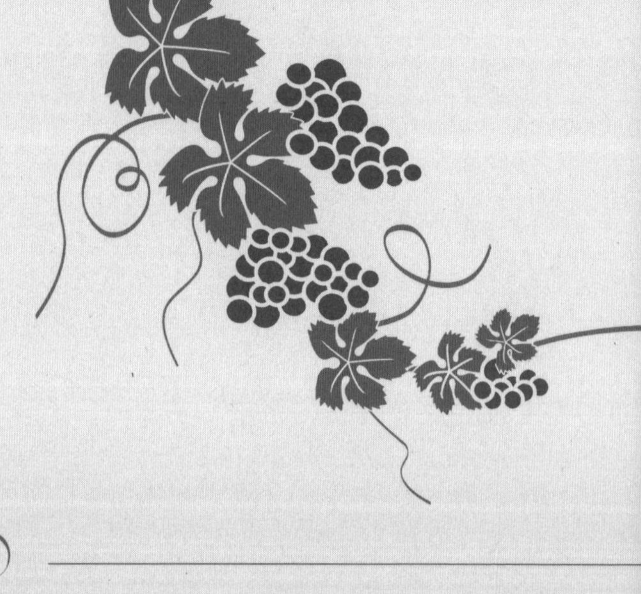

Polnischer Hase (gespickt)

Zutaten:
(für 10 Portionen)

500 g Rinderhack
750 g Schweinehack
2 in Wasser eingeweichte Semmeln
30 g gekochte und geriebene Kartoffeln
20 g geriebene Semmel
Salz, Pfeffer
1 Zwiebel
1 Ei
2 Eigelbe
Speckwürfel zum Spicken
2 EL zerlassene Butter

Zubereitung:

Das Hackfleisch mit den in Wasser eingeweichten und durch einen Durchschlag gedrückten Semmeln sowie den Kartoffeln, der Zwiebel und den Eiern zu einem Teig durchrühren und mit Salz und Pfeffer würzen.
Die geriebenen Semmeln auf ein Brett streuen, den Fleischteig darauf in eine hasenähnliche Form kneten und mit den Speckwürfeln spicken.
Den Fleischteig nunmehr in einer Pfanne in gebräunter Butter anbraten, mit etwas Wasser ablöschen und dreißig bis vierzig Minuten schmoren lassen. Dabei den „Hasenbraten" nicht wenden, da er sonst auseinanderfallen könnte.
Den Schmorfond nach Bedarf immer wieder mit etwas Flüssigkeit auffüllen und den Braten damit übergießen.
Zuletzt noch etwas Sahne an die Soße geben.

Fleischpastete

Zutaten:

500 g Schweinefleisch
500 g Kalbfleisch
100 g Fett
100 g Speck
2 Semmeln
etwas Milch
Pasteten-Gewürz, Salz
4 Eier

Zubereitung:

Die Hälfte des Schweine- und Kalbfleisches wird abgebraten, die andere Hälfte roh verwendet.
Das ganze Fleisch wird faschiert, der Speck kleinwürflig geschnitten.
Die Semmeln in Milch einweichen und gut ausdrücken.
Die Eier trennen. Alle Zutaten mit den Eigelben gut verrühren, zuletzt die zu Schnee geschlagenen Eiweiße darunter heben.
Die Pastete in einer gebutterten Pastetenform reichlich 1 Stunde im Ofen bei mittlerer Hitze backen.

Mit di wi 'ck woll farig warden,
säd de Bur un kek taum Häwen rup,
lettst du rägen, führ ick Meß.

Unsen Herrgott is nich tau trugen,
säd de Bur, dor makt hei sin Heu up 'n Sünndag.

Wat sünd ji för Minschen,
säd de Bur tau sin Schwin,
as sei den Kaben umstött haren.

Pommersche Spruchweisheiten

Pommersche Grützwurst

In Pommern hat man die Grützwurst warm gegessen. Dazu wurden Kartoffeln und eingelegte Rote Bete gereicht.
Die Grützwurst wurde am Schlachttag bereitet. Dabei nutzte man die für andere Würste angefallene Wurstbrühe zu ihrer Herstellung.

Zutaten:

500 g Gerstengrütze
200 g gewürfelter Speck
200 g gewürfeltes Bauchfleisch vom Schwein
1 große Zwiebel
1 TL Pfeffer
1 TL Majoran
1 TL Bohnenkraut
1 Tasse Schweineblut
Salz

Zubereitung:

Die Grütze in der Brühe gut 30 bis 40 Minuten kochen.
Den Speck und das Bauchfleisch auslassen, im Fett die geschälte und gewürfelte Zwiebel glasig dünsten und unter die Grütze mengen.
Die Wurstmasse mit Salz abschmecken und ein wenig abkühlen lassen.
Das Blut zur Wurstmasse geben und gut vermengen.
Jetzt die Wurstmasse in eine gefettete, feuerfeste Form geben und im Backofen bei 200° C dreißig Minuten backen.
Alternativ: Die Wurst in Naturdärme füllen und im 80° Celsius heißen Wasser eine Stunde brühen.
Die Grützwurst wird vor dem Verzehr in ausgelassenem Fett von gewürfeltem Bauchfleisch gebraten.

Geflügel-
und Eiergerichte

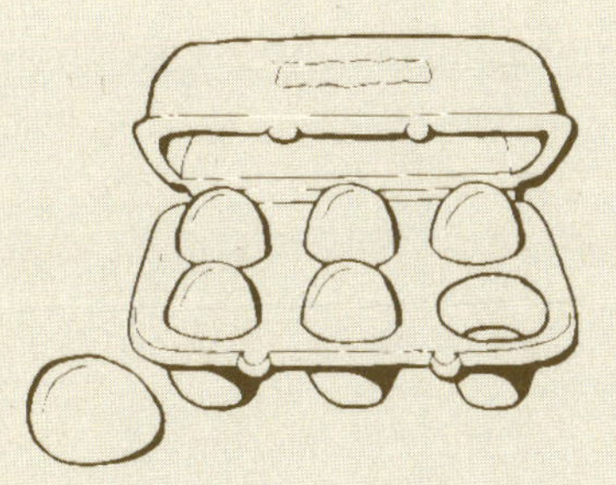

Pommerscher Gänsebraten

Gänse waren den Pommern das liebste Geflügel. Kein Wunder, dass bei ihnen der Gänsebraten als eines der beliebtesten Festessen galt. Sie verfügten sogar über eine eigene Gänserasse – die Pommerngans, auch Rügener Gans genannt. Die Rasse ist schon seit Jahrhunderten bekannt und wurde in großen Herden auf Gütern, aber auch vereinzelt auf Bauernhöfen gehalten.

Pommerngänse sind schwere Gänse. Als ausgesprochen ruhige Tiere werden sie an die 8 Kilo schwer, bei guter Haltung auch schwerer. Sie treten in den Farbschlägen Grau, Weiß und Graugescheckt auf. Ihr eiförmiger Körper verfügt über breite Schultern, ihr waagerechter Schwanz besteht aus relativ kurzen, durchgefärbten Federn. Pommerngänse weisen ein ausgesprochen gutes Brutverhalten auf. Allerdings können sie nicht mehr als 15 Eier ausbrüten, weil sie sonst nicht alle Eier gleichmäßig warm halten können. Nach 28 Tagen schlüpfen die Küken – und eine neue Generation tritt die Reise zum Kochtopf an...

Zutaten:
(für 4 Portionen)

1 junge Gans (ca. 3 Kilo)
2 EL Zucker
2 EL Rosinen
1/8 l Fleischbrühe
6 säuerliche Äpfel (Boskoop)
3 EL geriebenes Schwarzbrot
1 EL Mehl
Salz, Pfeffer, Majoran
Butter

Zubereitung: Die Gans waschen, trocken tupfen und von innen und außen mit Salz einreiben.
Die Äpfel schälen, das Kernhaus entfernen und in Achtel teilen.
Das geriebene Schwarzbrot, die Rosinen, etwas Salz und den Zucker mit den Apfelspalten mischen und die Bauchhöhle der Gans locker damit füllen.
Die Öffnung der Gans mit Holzspießen verschließen, die Flügel verschränken und die Keulen am Körper mit Küchengarn festbinden.
Einen halben Liter Wasser in die Bratenpfanne vom Backofen gießen und diese in den vorgeheizten Backofen auf die untere Schiene setzen.
Die Gans mit der Brust nach unten auf den Rost legen und den Rost auf die Bratenpfanne setzen.
Die Gans bei 200° C (Gas Stufe 3) braten, dabei nach 1 Stunde Bratzeit wenden und 1,5 bis 2 Stunden je nach Gewicht weiter braten.
Zwischendurch die Haut anstechen, damit das Fett ausbrät. Und zuletzt etwas Salzwasser über die Brust streichen, damit die Haut schön kross wird.
Danach die Gans auf einer Bratenplatte im abgeschalteten Backofen warm halten.
Den Bratenfond in einen Topf gießen, etwas Brühe in die Pfanne geben, den Bratensatz lösen und das Fett so weit wie möglich abschöpfen. Anschließend die Soße mit etwas angerührtem Mehl binden und mit Salz und Pfeffer abschmecken.
Zur Gans werden Salzkartoffeln und Apfelrotkohl gereicht.

Anmerkung: Früher wurden die Gänse auf dem Hof geschlachtet, selbst gerupft und ausgenommen. Heute kauft man Gänse küchenfertig.
Die Füllung mit Rosinen und Schwarzbrot ist typisch für den pommerschen Gänsebraten, in Mecklenburg nimmt man eher Apfelscheiben und Backobst.

Gänseklein-Topf

Angesichts der Armut, die auf dem Land weit verbreitet war, wurde alles verwertet, was essbar war. Die Pommern waren besonders einfallsreich, wenn es darum ging, auch die weniger wertvollen Teilstücke von geschlachteten Tieren zu einem schmackhaften Gericht zu verarbeiten.

Zutaten:
(für 4 Portionen)

750 g Gänseklein (Gekröse)
2 Zwiebeln
1 TL Majoran
5 Gewürzkörner (Piment)
Pfeffer
Salz
Zucker
1 TL Speisestärke
500 g Kartoffeln
3 EL frisch gehackte Petersilie

Zubereitung:

Das Gänsegekröse klein schneiden und mit anderthalb Litern Wasser in einen Topf geben.
Die Zwiebeln schälen, klein hacken und mit den Gewürzen und Salz zum Gänseklein geben. Alles zusammen bei mittlerer Temperatur kochen, bis der Magen des Gänsekleins weich ist.
Die Kartoffeln schälen, vierteln und in Salzwasser in etwa 15 bis 20 Minuten garen, danach abgießen.
Das Gänseklein aus der Brühe nehmen und warm stellen.
Die Brühe durchseihen und mit etwas Zucker abschmecken.
Die Speisestärke in etwas Wasser einrühren und die Brühe damit binden.
Die Kartoffeln auf 4 Teller verteilen, die Suppe darüber gießen und mit Petersilie bestreuen.
Das Fleisch separat dazu reichen.

Ich will euch erzählen und will auch nicht lügen:
Ich sah zwei gebratene Ochsen fliegen
sie flogen von ferne.
Sie hatten den Rücken zur Erde gekehrt
den Bauch wohl gegen die Sterne.
Heidideldumdei, heidideldumdei
den Bauch wohl gegen die Sterne.
Ein Amboß und ein Mühlenstein
die schwammen bei Zanow über den Rhein.
sie schwammen also leise.
Ein Frosch verschlang sie alle beid'
zu Pfingsten auf dem Eise.
In Stralsund stand ein hoher Turm
der trotzte Schnee, Hagel, Regen und Sturm
stand fest über alle Maßen
den hat ein Kuhhirt mit seinem Horn
auf einmal umgeblasen.
In Schlawe war ein großer Hahn
der hat unendlich viel Schaden getan
an einer hohen Brücke.
'ne Mücke stieß den Kirchturm ein
ach, war das ein Unglücke!
In Greifswald stand ein hohes Haus
daran flog eine große Fledermaus
da barst es in tausend Stücken.
Da kamen elftausend Schneidergesell'n
die wollten das Haus wieder flicken.
So will ich denn hiermit mein Liedchen beschließen
und soll's auch die ganze Gesellschaft verdrießen
will Wahrheit reden und nicht lügen.
in meinem Land sind die Mücken so groß
wie hier bei euch die Ziegen.

Aus Pommern, aus der ersten Hälfte des 19. Jahrhunderts

Gänseschwarzsauer

Gänseschwarzsauer ist ein zwischen Mecklenburg und Ostpreußen weit verbreitetes Gericht, das die pommerschen Hausfrauen vom Martinstag bis über Weihnachten hinaus regelmäßig auftischten. Natürlich musste man im alten Pommern vor der Zubereitung das Gänseklein erst kochfertig machen. Dazu schnitt man die Krallen von den Füßen, löste die Innenhaut vom Magen, hackte vom Kopf den Schnabel ab und entfernte die Augen. Heute nimmt man als Fleischgrundlage des Gerichts eine Gänsekeule, deren Fleisch man vor der Zubereitung klein schneidet. Gänseblut gibt es natürlich auch nicht mehr. Man könnte es beim Metzger vorbestellen, doch der hat oft keine Bezugsquelle mehr dafür.
Noch ein abschließender Tipp: Heute können Hausfrauen ja nicht mehr mit Blut in der Küche umgehen, wollen es auch nicht mehr. Und wissen gar nicht, was ihnen dabei entgeht. Anstelle des Bluts nimmt man deshalb einfach frische Blutwürste, wie man sie für eine Schlachtplatte verwendet, drückt den Inhalt aus der Pelle und bindet damit die Soße. Dann ist Mehl überflüssig.

Zutaten:
(für 4 Portionen)

Gänseklein
1 Lauchstengel
1 Möhre
Petersilie
1 Scheibe Sellerie
1 Zwiebel
2 Nelken
1 Lorbeerblatt
6 Gewürzkörner (Piment)
Salz, Pfeffer
100 g Backobst
1 EL Zucker
1 Prise Nelkenpulver
1 Stückchen Zimtstange
Schale ½ Zitrone
¼ l Gänseblut
Mehl
etwas Essig, Zucker

Zubereitung:

Das vorbereitete Gänseklein (in ausreichender Menge für 4 Portionen) ohne die Leber zusammen mit dem Gemüse und den Gewürzen in einem Topf gut mit Wasser bedeckt etwa zwei Stunden kochen (verwendet man Fleisch von der Keule, entsprechend weniger lange). Erst eine Viertelstunde vor Ende der Garzeit die Leber zufügen.

Das am Vorabend schon eingeweichte Backobst mit Zucker, Nelkenpulver, der Zimtstange und der Zitroneschale gar kochen, anschließend die Zimtstange und die Zitronenschale herausnehmen.

Die Gänsekleinbrühe abseihen, das Gänseklein herausnehmen, die Fleischteile abtrennen und warm stellen.

Die Gänsekleinbrühe etwas einkochen und zum Backobst gießen.

Das Blut mit dem Mehl verquirlen, in das Backobst einrühren und zum Binden kurz aufkochen.

Anrichten:

Zum Servieren die Gänsekleinsoße mit etwas Essig und Zucker süß-sauer abschmecken.

Die Soße wird in eine Terrine gefüllt, das Gänseklein dazu separat gereicht.

Als Beilage gibt es Mehlklöße, in Anlehnung an ostpreußische Gewohnheiten auch Mehlkeilchen.

Gänsesülze

Es lohnt nicht, von dieser Sülze nur kleine Portionen zu fertigen. Um sie haltbarer zu machen, hat man früher, als es noch keine Eisschränke in den Haushalten gab, erwärmten Rindertalg auf die Sülze gegeben und sie dann im Keller aufbewahrt.

Zutaten:
(für 10 Portionen)

4 Gänsekeulen
3 gespaltene Kalbsfüße
1 Gemüsezwiebel
2 Möhren
2 Lorbeerblätter
4 Nelken
12 Pfefferkörner
Salz
Essig, Zucker

Zubereitung:

Die Gänsekeulen und die Kalbsknochen gründlich waschen.
Die Zwiebel mit dem Lorbeerblatt und den Nelken spicken.
Die Keulen mit den Knochen, der Zwiebel, den Möhren und den Pfefferkörnern in einem Liter Wasser gut zwei Stunden kochen lassen, das Gänsefleisch, die Zwiebel und die Möhren schon nach einer Stunde herausnehmen. Die Zwiebel beiseite legen, die Möhren aufheben. Das Fleisch von den Knochen lösen und in große Stücke schneiden, die Möhren würfeln und alles zusammen in eine Kastenform füllen. Die Brühe mit reichlich Essig und Zucker süßsauer abschmecken und über das Fleisch und die Möhren in der Kastenform geben.
Die Form kaltstellen und den Inhalt erstarren lassen.

Anrichten: Zum Servieren die Sülze aus der Form stürzen, Scheiben abschneiden, auf Teller geben und Bratkartoffeln oder Pellkartoffeln mit einem grünen Salat dazu reichen.

Anmerkung: Statt die Kalbsknochen auszukochen kann man auch 2 gehäufte Esslöffel kalt gequollenes Gelatinepulver in die Brühe einrühren.

Wer lang supt, lewt lang.

Ein pommerscher Magen kann alles vertragen!

Pommersche Spruchweisheiten

Entenfrikassee mit Gurke

Zutaten:
(für 4 Portionen)

1 Ente (küchenfertig)
Wurzelwerk (kleiner Kopf Sellerie, einige Mohrrüben, eine Zwiebel)
60 g Butter
40 g Mehl
1 Tasse saurer Rahm
1 Gartengurke
1 Schuss Weißwein

Zutaten:

Die Ente gibt man mit einem kleinen Kopf Sellerie, einigen Karotten und einer Zwiebel in einen gut schließenden Topf und kocht sie 2 Stunden bei kleiner Flamme.
Aus der Butter und dem Mehl eine helle Einbrenne bereiten.
Die Einbrenne wird mit Entenbrühe aufgefüllt, dann gibt man den sauren Rahm dazu, ferner die in Würfel geschnittene Gurke und lässt alles zusammen 20 Minuten kochen.
Das Entenfleisch von den Knochen nehmen und in kleine Stücke schneiden.
Abschließend das Frikassee mit einem Schuss Weißwein abschmecken.

Anrichten:

Selten, dass in der pommerschen Küche Reis verwendet wird – aber hier passt er.
Es gibt auch Rezepte, bei denen zum Entenfrikassee Blätterteig-Halbmonde gereicht werden.

Spickgans

Was in Pommern als Spickgans ein typisches Essen für das Weihnachtsfest war, wird heute als geräucherte Gänsebrust ganzjährig angeboten. Nach alter Sitte wurde die Spickgans zum Frühstück am Morgen des Ersten Weihnachtsfeiertages angeschnitten.

Normalerweise wurden die gemästeten Gänse zu Beginn des Winters geschlachtet und an den Adventstagen oder an Weihnachten selbst gegessen beziehungsweise auf dem Markt zum Verkauf angeboten. Nur eine einzelne Spickgans zu fertigen war nicht nur unpraktisch, sondern auch nicht zielführend, denn zum Einpökeln muss man mehrere Brüste im Fass haben.

Das Auslösen der Brust aus der geschlachteten und über Nacht abgehangenen Gans ist nicht ganz einfach, Kenntnisse der Gänseanatomie sind dabei sehr hilfreich. Haut und Fleisch der Brust werden, beide Seiten zusammenhängend, durch eine unter den Flügeln ansetzende Schnittführung vom Knochen gelöst. Man entfernt das Fleisch noch von Sehnen und eventuell vorhandenen Blutaderresten. Dann werden die beiden Fleischhälften mit einer Mischung aus einem Esslöffel Salz, einer Prise Zucker und etwas Salpeter kräftig eingerieben. Danach klappt man die beiden Hälften zusammen, vernäht die Ränder mit einem Baumwollfaden und bringt am Schluss noch eine Öse zum Aufhängen an.

Sind die Gänsebrüste so weit vorbereitet, kommt als nächster Arbeitsgang das Einpökeln – dies kann trocken oder nass geschehen. Zur trockenen Pökelung steckt man die Brüste dicht an dicht in ein Fass und beschwert sie mit einem Stein. So verbleiben sie eine Woche lang in dem Fass.

Zur Nasspökelung stellt man eine Lake aus einem halben bis dreiviertel Liter Wasser und der gleichen Menge Salz, Zucker und etwas Salpeter her und legt die Brüste ebenfalls eine Woche lang derart in die Flüssigkeit, dass alles gut bedeckt ist. Vor dem letzten Arbeitsgang des Räucherns müssen die Brüste noch trocknen – am besten hängt man sie dafür an den Ösen auf einem Stock auf und lässt sie abtropfen.

Die Gänsebrüste müssen für eine Woche kalt geräuchert werden. Dazu hängt man sie hoch im Räucherofen auf, ansonsten werden sie zu warm und laufen aus. Was zum Räuchern verwendet wird, war von Hof zu Hof unterschiedlich. Auf jeden Fall wurden Buchenspäne genommen, die man mit Kräutern, Wacholderreisig oder auch Kiefernzapfen vermengte.

Übrigens: In Pommern aß man die in dünne Scheiben geschnittene Spickgans mit Bratkartoffeln.

Huhn mit süßer Fülle

Zutaten:
(für 4 Portionen)

1 küchenfertiges Huhn
Salz
Butter zum Braten
1 EL Mehl
1 EL saure Sahne
3 EL süße Sahne

Für die Füllung:

40 g Butter
1 Eigelb
1 Ei
1 Brötchen
60 g Mandeln
40 g Zitronat
60 g Sultaninen
3 EL Zucker
2 EL Petersilie

Zubereitung:

Das Huhn waschen und trocken tupfen.
Für die Füllung das Brötchen in Milch einweichen, die Sultaninen ebenfalls einweichen, die Butter schaumig rühren, das Eigelb und dann die anderen Zutaten zugeben und alles gut miteinander vermengen.
Die Bauchhöhle des Huhns mit der Masse füllen und die Öffnungen mit Küchengarn zunähen.
Das Huhn mit flüssiger Butter bestreichen, im vorgeheizten Backofen bei 200° C (Gas Stufe 3) in einem Bräter gut eine Stunde goldbraun braten und während des Bratvorgangs immer wieder mit der Butter bestreichen.
Das Huhn aus dem Bräter nehmen und im abgeschalteten Backofen warm stellen.
Den Bratensatz durch ein Sieb in einen Topf geben. Das Mehl mit der Sahne verquirlen und den Bratensatz damit binden.

„Mandje! Mandje! Timpe Te!
Buttje, Buttje in de See!
Mine Fru, de Ilsebill,
will nich so, as ick wol will.“

Philipp Otto Runge aus

„Von den Fischer un siine Fru“

Senfeier

Senfeier waren nicht nur in Pommern eine häufig aufgetischte Mahlzeit. Bei Kindern war sie weniger beliebt, weil es dieses preiswerte Gericht in schlechten Zeiten zu oft gab. Aber richtig zubereitet sind Senfeier ausgesprochen lecker – und vor allem auch schnell gekocht.

Zutaten:

2 EL Butter
2 EL Mehl
250 ml Gemüsebrühe
3 TL Senf
Salz, Zucker
Zitronensaft
2 Eigelbe
8 Eier

Zubereitung:

Die Butter in einer Pfanne erhitzen, das Mehl hinzufügen und unter Rühren eine Mehlschwitze bereiten.
Die Mehlschwitze mit der Brühe ablöschen und 10 Minuten köcheln lassen.
Den Senf zur Soße geben und diese mit Salz, Zucker und Zitronensaft abschmecken.
Abschließend die Soße vom Herd nehmen und die zwei Eigelbe einrühren.
Die Eier zehn Minuten hart kochen, abschrecken und pellen.
Die Eier in Scheiben schneiden, in eine Schüssel geben und die Soße darüber verteilen.
Zu Senfeiern werden Salzkartoffeln gereicht.

Eierkuchen mit Speck

Zutaten:
(für 4 Portionen)

10 Eier
50 g Mehl
Salz
200 ml Milch
100 g durchwachsener Speck
1 EL Butter

Zubereitung:

Die Eier aufschlagen, in eine Schüssel geben und verquirlen.
Mehl, Salz und Milch hinzufügen und gut vermengen, dann etwa 200 ml Wasser unterrühren, bis der Eierteig geschmeidig ist.
Den Speck würfeln.
Ein Viertel des Specks auslassen, etwas Butter zugeben und schmelzen lassen.
Ein Viertel des Eierteigs (etwa eine Schöpfkelle) über den Speck geben. Wenn sich der Teig hebt, kurz mit einem Pfannenwender darunter gehen, damit Butter nachlaufen kann. Den Eierkuchen von beiden Seiten goldbraun backen.
Die drei anderen Eierkuchen auf die gleiche Weise backen.

Anrichten:

Diese Zwischenspeise wird mit Specksauerkraut zu einer vollständigen Mahlzeit.

Bauernfrühstück

Zutaten:

750 g Kartoffeln
2 EL Butter
30 g Speck
Salz, Pfeffer
1 Zwiebel
4 Eier
1 Eigelb
2 EL Milch
125 g Schinken
4 Gewürzgurken
1 EL Schnittlauch

Zubereitung:

Die Kartoffeln waschen und in der Schale 20 Minuten in Salzwasser garen, abgießen, abkühlen lassen, pellen und in Scheiben schneiden.
Die Zwiebel schälen und fein würfeln.
Die Butter in einer Pfanne schmelzen, den gewürfelten Speck in der Pfanne auslassen und die Zwiebeln darin glasig dünsten.
Die Kartoffelscheiben in die Pfanne geben, leicht salzen und pfeffern und unter mehrfachem Wenden goldbraun braten.
Den gewürfelten Schinken unter die Kartoffeln heben.
Die Eier und das Eigelb mit der Milch verquirlen, mit Salz und Pfeffer würzen, über die Kartoffeln geben und stocken lassen.

Anrichten:

Das Bauernfrühstück in der Pfanne mit dem Pfannenheber in vier Kuchenstücke teilen, diese auf Teller geben, mit gehacktem Schnittlauch bestreuen und mit einer Gewürzgurke servieren.

Fischgerichte

Mine Heimat

(„Wo die Ostseewellen trecken ...“)

Wo de Ostseewellen trecken an den Strand,
wo de geele Ginster bläuht in'n Dünensand,
wo de Möwen schriegen grell in't Stormgebrus',
dor is mine Heimat, dor bün ick tau Huus.

Well' un Wogenruschen weer min Weigenlied,
un de hogen Dünen seg'n min' Kinnertied,
segen uck min' Sehnsucht un min heit Begehr,
in de Welt tau fleigen äwer Land un Meer.

Woll hett mi dat Leben dit Verlangen stillt,
hett mi allens gewen, wat min Hart erfüllt.
Allens is verswunnen, wat mi quält un dreew,
heww' nu Freden funnen -, doch de Sehnsucht bleew.

Sehnsucht na dat lütte, stille Inselland,
wo de Ostseewellen trecken an den witten Strand,
wo de Möwen schriegen grell in't Stormgebrus' ,
dor is mine Heimat, dor bün ick tau Huus!

Martha Müller-Grählert

Das von der pommerschen Dichterin Martha Müller-Grählert (1876 – 1939) verfasste Heimatlied (Weise von S. Krannig) musste sich im Laufe der Jahrzehnte viele Umdichtungen gefallen lassen. Es sei hier nur an das „Friesenlied“ sowie an das „Hafflied“ der Ostpreußen erinnert.

Danziger Hering

Zutaten:
(für 4 Portionen)

8 Salzheringe
1 l Buttermilch
3 Eigelb
5 EL Weißwein
1 Tasse Mehl
3 EL Butter

Zubereitung:

Die Salzheringe gründlich wässern, dabei das Wasser mehrfach austauschen.
Kopf und Flossen der Heringe abschneiden, sie gut entgräten und dann abtropfen lassen.
Die Heringe anschließend einen halben Tag in der Buttermilch einlegen.
Die Heringe aus der Milch nehmen und gut abtupfen.
Die Eigelbe mit dem Wein verquirlen, die Heringe darin wenden, in Mehl wälzen.
Danach die Heringe sofort in heißer Butter beidseitig braun braten.

Anrichten:

Serviert werden die gebackenen Heringe mit Pellkartoffeln, Bratkartoffeln und/oder Sauerkohl. Wer mag, kann auch geschnittene Äpfel zu dem Gericht geben.

Anmerkung:

An der Küste Pommerns waren die gebackenen Heringe ein häufig serviertes Essen, für das man vor allem kleine Heringe verwendete.
Natürlich hat man im alten Pommern Rogen und Milch aus den Heringen nicht weggeworfen, sondern der Milch beigegeben, in der man die Heringe einlegte. Dies gab der Milch einen pikanten Geschmack.

Hechtklöße in Weinsoße

Zutaten:

500 g Hecht
2 EL Butter
1 EL Mehl
etwas geriebene Zwiebel
Salz, Pfeffer, Muskatnuss
3 EL Milch

Für die Soße:

Fischsud und ein Schuss trockener Riesling
Crème fraîche
2 Eigelbe
1 EL Butter
etwas frische Sahne
Zitronensaft

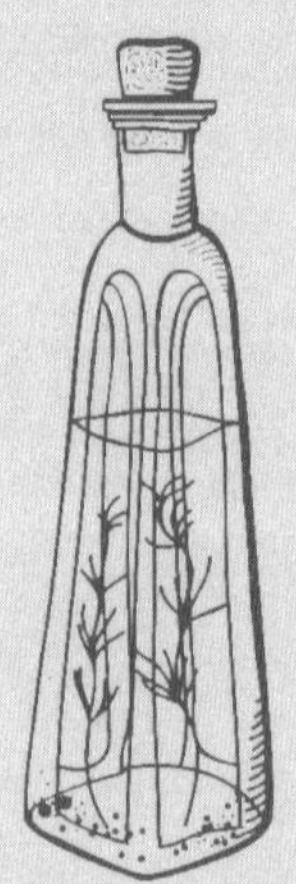

Zubereitung: Den Hecht schuppen, ausnehmen, reinigen und von den Gräten lösen.
Das Hechtfleisch durchdrehen.
Die Butter mit dem Mehl, Salz, der geriebenen Zwiebel, Pfeffer, Muskatnuss und der Milch in einen Topf geben und auf dem Feuer rühren, bis sich die Masse vom Topf löst.
Wenn die in eine Schüssel gegebene Fischmasse abgekühlt ist, 2 Eigelb hineinschlagen und den Fisch darin untermengen.
Die Fischmasse durch ein Tuch drücken.
Aus der Fischmasse auf einem semmelbestreuten Brett mit zwei Löffeln (die man immer wieder in den heißen Fischsud taucht, um die Fischmasse besser abstechen zu können) kleine Klöße formen. Alternativ formt man Rollen im Durchmesser eines Groschens.
Zwischenzeitlich hat man die Gräten und den Kopf des Fischs in gesalzenem Wasser gekocht. In der abgegossenen Fischbrühe lässt man die Hechtklöße bzw. Hechtrollen 10 bis 12 Minuten pochieren. Von den Rollen schneidet man daumendicke Stücke ab.
Für die Soße passiert man den Fischsud und kocht ihn mit dem Riesling stark ein, dann rührt man Crème fraîche unter, bindet die Soße mit 2 Eigelben und ein wenig Butter, lockert sie mit geschlagener Sahne auf und schmeckt sie mit Zitronensaft ab.

Anrichten: Die Klöße mit der Soße auf Teller geben und dazu Butter-Petersilienkartoffeln mit einem gemischten Salat reichen.

Anmerkung: Wer kennt noch einen Groschen? Im alten Pommern gab es noch keinen Euro und keinen Cent. Der Groschen liegt im Durchmesser zwischen dem 20 und 50 Cent-Stück.

Pommerscher Heringssalat

Zutaten: (für 4 Portionen)	4 Salzheringe 200 g kalter Rinderbraten 3 säuerliche Äpfel 1 Salzgurke 500 g gekochte Kartoffeln 1 Zwiebel
Für die Soße:	1 EL Kapern 1 EL Johannisbeergelee 1 EL Senf 4 EL Zitronensaft 2 EL Perlzwiebeln 4 EL Öl 2 EL Essig 1 TL Zucker Salz, Pfeffer 3 EL Sahne
Für die Garnitur:	2 hartgekochte Eier (in Scheiben geschnitten) 2 Tomaten (in Scheiben geschnitten)

Zubereitung:

Die Salzheringe ausnehmen, über Nacht wässern, entgräten, enthäuten und in kleine Würfel schneiden.
Den Rinderbraten in Streifen schneiden und würfeln.
Die Äpfel schälen, entkernen und klein würfeln.
Die Salzgurke klein würfeln (man kann sie auch vorher schälen).
Die am Vortag gekochten Kartoffeln pellen und klein würfeln.
Die Zwiebel schälen und fein hacken.
Für die Soße die Kapern mit der Gabel zerdrücken und mit den weiteren Soßenzutaten verrühren.
Die schon vorher vorbereiteten Zutaten - Äpfel, Gurken, Fleisch, Fisch, Kartoffeln und Zwiebeln - in der Soße wenden und mindestens 2 Stunden bei Zimmertemperatur ziehen lassen.

Anrichten:

Den Heringssalat portionsweise auf Teller geben und mit den Eier- und Tomatenscheiben garnieren.
Als Beilage reicht man geröstetes Roggenbrot mit Butter.
Sehr beliebt ist auch die Variante, den Heringssalat mit 200 g fein gewürfelter Rote Bete (aus dem Glas) zu verfeinern.

Kumm taum Danz

„Mäke, kumm, willn danze!"
„Jung, ik heff keen Schauh."
„Dat geiht jo ok up Socken!"
"Na, denn man lustig tau!"

Pommerscher Tanzreim

Gefüllte Salzheringe

Zutaten:
(für 6 Portionen)

6 Salzheringe
frische oder getrocknete Pilze nach Geschmack
2 Löffel Mostrich
2 Zwiebeln
Salz und Pfeffergurken
ein paar rote Rüben
3 Tomaten
30 g Fett

Zubereitung:

Die gut gewässerten Heringe von Kopf, Schwanz und Mittelgräte befreien und auf einem Brett auslegen.
Die Pilze fein würfeln und in dem Fett dünsten.
Die Zwiebeln fein reiben und dazugeben.
Die Heringsmilch mit dem Mostrich verrühren und die Heringe mit dieser Masse füllen.

Anrichten:

Die Platte mit den gefüllten Heringen wird mit in Scheiben geschnittenen roten Rüben, Gurken und Tomatenscheiben serviert.

Karpfen in Biersoße

Zutaten:
(für 4 Portionen)

1 Karpfen
Salz, etwas Essig
2 Zwiebeln
geriebene Schale von ¼ Zitrone
1 Mohrrübe
1 Lorbeerblatt
1 Nelke
¼ l dunkles Bier
100 g Soßenlebkuchen
1 EL Butter
1 EL Mehl
Sirup, Zitronensaft

Zubereitung:

Den Karpfen ausnehmen, schuppen, waschen, in Scheiben schneiden, salzen und danach beiseitestellen.
Die Zwiebeln und die Mohrrübe schälen, in Scheiben schneiden und beides auf den Boden eines nicht zu kleinen Topfes legen. Das Lorbeerblatt und die Nelke dazulegen und dann die Karpfenstücke draufgeben.
Dreiviertel des Bieres seitlich in den Topf einfüllen. Den Soßenlebkuchen zerkrümeln und auch in den Topf geben. Alles zusammen zugedeckt zum Kochen bringen und dann 15 Minuten köcheln lassen. Parallel dazu das Mehl in einem weiteren Topf in Butter dunkel rösten, mit dem restlichen Bier ablöschen, verrühren, mit dem Essig verquirlen, ganz zum Schluss zu den Karpfenstücken geben und kurz mitköcheln lassen. Nun die gegarten Fischstücke aus dem Topf nehmen und warm stellen.
Die Soße durch ein Sieb gießen und durchpassieren, dann mit Zucker, Sirup und Zitronensaft abschmecken.

Anrichten:

Zum Servieren die Soße noch einmal kurz aufkochen lassen, die Karpfenstücke auf Teller geben und mit der Soße übergießen.
Als Beilage werden Salzkartoffeln gereicht.

Anmerkung:

Heute bekommt man den Karpfen vom Fischhändler natürlich ausgenommen. Im alten Pommern hat man das Karpfenblut aufgefangen, gleich mit etwas Essig verrührt und der Soße beigegeben.
Soßenlebkuchen sind schwach gesüßte Lebkuchen, die man zum Binden von dunklen Soßen verwendet. Normalerweise werden sie vorher eingeweicht und dann in die Soße gegeben. Vorrangig werden sie bei Wildgerichten und Sauerbraten eingesetzt, eignen sich jedoch auch hervorragend zu Fisch.

Der Karpfen in Biersoße kann seine polnische Herkunft kaum verleugnen. In Pommern war ein so zubereiteter Karpfen ein typisches Neujahrsessen.

Pommersche Weiße Fischsuppe

Zutaten:
(für 4 Portionen)

1 kg Dorsch
1 Möhre
1 Zwiebel
¼ Sellerieknolle
1 Lorbeerblatt
Salz, Pfeffer
1 Ei
Mehl
1 EL Butter
gehackte Petersilie

Zubereitung:

Das Gemüse putzen: die Möhre schälen und in Scheiben schneiden, die Zwiebel und den Sellerie schälen und würfeln.
Das Gemüse mit dem Lorbeerblatt, Salz und Pfeffer in zwei Litern Wasser aufkochen.
Den in zwei bis drei Stücke geteilten Dorsch in den kochenden Sud geben und 20 Minuten leicht köcheln lassen.
Den Fisch herausnehmen, die Suppe leicht mit Mehl binden, das Ei verquirlen und unter die heiße Suppe rühren, wobei das Ei flockig werden muss.
Die Suppe mit Butter verfeinern.
Den Fisch vorsichtig in mundgerechte Stücke teilen und in die Suppe zurückgeben.

Anrichten:

Die Fischsuppe in Teller füllen und mit Petersilie bestreut servieren.

Ausgebackene Schollen

Zutaten:

2 frische Schollen, küchenfertig
250 g Mehl
250 ml Bier
1 EL Öl
Salz, Pfeffer
Öl zum Ausbacken

Zubereitung:

Mehl, Öl, Salz und lauwarmes Bier mit dem Knethaken des Handrührers vermischen.
Danach den Teig mit den Händen so lange weiterkneten, bis er schön geschmeidig ist, zu einer Kugel formen, mit Mehl bestäuben, in eine Klarsichtfolie wickeln und bei Zimmertemperatur 30 Minuten ruhen lassen.
Den Fisch säubern, salzen und pfeffern.
Aus dem Strudelteig auf einem bemehlten Brett vier Rechtecke dünn ausrollen. Die Schollen jeweils auf eine Teigfläche legen und die andere Teigfläche draufgeben, den Rand befeuchten und fest andrücken.
Die Schollen in 170° C heißem Öl jeweils 5 Minuten frittieren, wenden und nochmals 4 Minuten ausbacken. Auf Küchenkrepp abtropfen lassen.

Variante: Mit Schmand und Dill

Die Hälfte vom Schmand jeweils auf den unteren Teil der Teigrechtecke streichen, mit etwas Dill bestreuen, jeweils eine Scholle drauflegen und mit dem restlichen Schmand und Dill bedecken. Dann jeweils die andere Teigplatte auf den Fisch geben, ebenfalls den Rand befeuchten und fest andrücken. Zum Garen die Schollen nicht frittieren, sondern auf ein vorbereitetes Backblech legen und mit etwas Milch einpinseln. Die Schollen im vorgeheizten Ofen bei 200°C auf der mittleren Schiene 15 Minuten backen.

Der große Krebs im Enzigsee

Der große Krebs im Enzigsee,
das war ein Untier! Jemine,
ein Kalb war gegen ihn ein Zwerg.
Gar schlimm erging's Stadt Nörenberg:
mit seinen Scheren schnitt das Tier
Holz, Stein und Stahl im Stadtrevier.

Die Seeburg kam als erste dran,
zerschnitzt ward sie mit Maus und Mann;
den Mauerkranz rund um die Stadt
rasierte dann er kahl und glatt;
kein Haus im Städtchen war zu stark,
er schnitt es durch wie weichsten Quark.

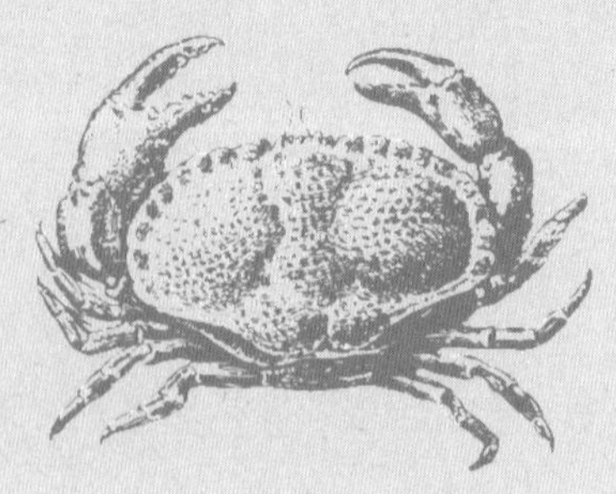

Und einst, am schönen Sommertag
zerpflückt' er gar das Kirchendach.
Das war ein Jammer und Geschrei,
den Ratsherrn ward nicht wohl dabei,
sie tagten viel und hielten Rat;
doch keiner fand die Rettungstat.

Zuletzt beschloß man voll Vertraun
ein neues Gotteshaus zu baun;
da machte sich der Krebs den Spaß
und schnitt ein Stück vom Rutenmaß:
zu klein geriet das Gotteshaus –
das schlug dem Faß den Boden aus.

Ein Drahtnetz wurde ausgesetzt;
wie Garn hat es der Krebs zerfetzt,
bis endlich doch dem Schmied der Fang
im neuen Hartstahlnetz gelang.
Man sperrte ihn ins Pupkenloch:
dort sitzt er angefesselt noch.

Doch wenn er nur den Schwanz erhebt,
erschrickt ganz Nörenberg und bebt,
Und jeder schreit: „Der Krebs, der Krebs!
Er reißt sich los, und ich erleb's,
er kommt aus seinem Loch heraus
und frißt uns alle, Mann und Maus!"

Hugo Kaeker

Heringsgelee

Zutaten:
(für eine Auflaufform)

8 Grüne Heringe
200 ml trockner Weißwein
5 EL Essig
2 Päckchen Gelatine
2 Möhren
80 g frische Champignons
1 Lorbeerblatt
2 Nelken
Saft 1 Zitrone
1 TL Senfkörner
Salz, Pfeffer

Zubereitung:

Die Heringe säubern, filieren, in Stücke schneiden und 20 Minuten im Zitronensaft marinieren. Einen halben Liter Wasser mit dem Weißwein und den Gewürzen aufkochen und die Heringsstücke darin gar ziehen lassen, danach die Stücke herausnehmen und warm stellen.
Die Gelatine im kalten Wasser einweichen.
Den Gewürzsud durch das Sieb geben und auffangen.
Die Möhren und die Champignons in Scheiben schneiden und kurz blanchieren.
Die eingeweichte Gelatine in den Sud geben und kurz erhitzen.
Etwas Gelatineflüssigkeit in die Auflaufform geben und erstarren lassen.
Die Fischstücke mit etwas Gelatineflüssigkeit vermischen, dann die Fischstücke, Möhren und Champignons vermengen und bunt verteilt auf die Gelatineschicht der Auflaufform geben.
Die Form mit der restlichen Gelatinemasse auffüllen und im Kühlschrank erstarren lassen.
Dazu reicht man Bratkartoffeln und eine Remoulade.

Fischfilet in Dillsoße

Zutaten:

(für 4-6 Portionen)

1 kg Fischfilet
1 Bund Suppengemüse
1 Zwiebel
3 Gewürzkörner (Piment)
1 Lorbeerblatt
2 EL Weinessig
2 EL Butter
2 EL Mehl
125 g Schmand
1 EL gehackter Dill
2 Eigelbe
1 TL Sahnemeerrettich
Salz, Pfeffer, Zucker

Zubereitung:

Den Fisch waschen, trocken tupfen und in mundgerechte Stücke schneiden. Das Suppengemüse putzen und würfeln, die Zwiebel schälen und ebenfalls würfeln. Das Suppengemüse mit der Zwiebel, den Gewürzen und Salz in einen Topf geben, 750 ml Wasser und 1 EL Essig zugeben und alles 10 Minuten lang garen. Dann den Fisch in die Brühe geben, 15 Minuten darin ziehen lassen und warm stellen.
Das Suppengemüse aus dem Topf nehmen und den Sud durch ein Sieb gießen.
Die Butter in einer Pfanne erwärmen, das Mehl langsam dazugeben, den Kochsud mit 125 ml Fischbrühe ablöschen, den Dill unterheben und die Mehlschwitze unter Rühren 10 Minuten köcheln lassen, bis sie etwas eingedickt ist.
Den Topf vom Herd nehmen und die verquirlten Eigelbe unter die Soße heben.
Abschließend die Soße mit dem Meerrettich, dem restlichen Essig, Zucker, Pfeffer und evtl. noch etwas Salz abschmecken.

Fischklopse mit Specksoße

Zutaten:
(für 4 Portionen)

500 g Fischfilet
2 Eier
2 EL Mehl
½ Bund Petersilie
Salz, Pfeffer, Muskat
200 g Butter
1,5 Tassen Milch
8 Scheiben Weißbrot (ohne Rinde)

Für die Soße:

50 g geräucherten Speck
1 TL Butter
1 EL Mehl
Weinessig

Zubereitung:

Das Brot in der Milch einweichen, ausdrücken und zerpflücken.
Den Fisch waschen, trocken tupfen, evtl. in kleinere Stücke schneiden, zweimal durch den Fleischwolf drehen und zum Brot geben.
Die Hälfte der Butter zerlassen und zusammen mit den Eiern, Gewürzen und der vorher gehackten Petersilie zugeben und alles gut untermischen.
Mit nassen Händen Klopse formen, diese flach drücken und in Mehl wenden.
Die restliche Butter erhitzen und die Klopse darin bei geringer Hitze von beiden Seiten je acht Minuten braten.
Für die Soße die Butter schmelzen, den gewürfelten Speck darin sanft anbraten und das Mehl einrühren. Abschließend mit Salz, Pfeffer und einem Spritzer Essig abschmecken.
Im alten Pommern gab es zu den Fischklopsen mit Specksoße eine ordentliche Portion Kartoffelsalat.

Zander auf Gemüsebett

Zutaten:
(für 4 Portionen)

4 Zander (küchenfertig)
1 Bund Suppengrün
1 Zwiebel
Saft von 1 Zitrone
2 Gewürzkörner (Piment)
1 Lorbeerblatt
200 g Butter
1 TL Sahnemeerrettich
1 EL gehackte Petersilie

Zubereitung:

Den Zander gut waschen, trocken tupfen und mit Salz und Zitrone einreiben.
Das Suppengemüse putzen und würfeln, die Zwiebel schälen und in Streifen schneiden.
Den Fisch in einen großen Topf geben, mit Wasser bedecken, das Suppengemüse, die Zwiebel und die Gewürze dazugeben, alles kurz aufkochen und dann bei schwacher Hitze zwanzig Minuten ziehen lassen.
Den Fisch mit einer Schaumkelle aus dem Sud nehmen und warm stellen.
In der Zwischenzeit drei Viertel der Butter in einer kleinen Pfanne anbräunen, die Eier 10 Minuten hartkochen, abschrecken, abgießen, pellen und fein würfeln und die restliche Butter unter den Sahnemeerrettich geben.

Anrichten:

Das Gemüse aus dem Sud nehmen und auf eine Servierplatte geben, die Zander drauflegen und mit Petersilie und Eiwürfeln bestreuen.
Dazu reicht man die Meerrettichbutter und Salzkartoffeln.

Gebratene Stinte

Zutaten:
(für 2 Portionen)

16 frische Stinte
Saft von ½ Zitrone
1 EL Olivenöl
1 EL Butter (geschmolzen)
1,5 EL fein geschnittene Kräuter der Saison
1,5 EL Roggenmehl
Salz und Pfeffer
2,5 EL Butterschmalz zum Braten

Zubereitung:

Die Stinte ausnehmen und unter kaltem Wasser säubern.
Die Stinte mit Küchentüchern trocknen und mit Zitronensaft beträufeln.
Das Öl mit der Butter, den Kräutern, Salz und Pfeffer vermengen und damit die Stinte bestreichen, dann in Roggenmehl wälzen.
Das Fett in einer Bratpfanne erhitzen und die Fische darin braten.
Wenn die Stinte nach ca. fünf Minuten goldbraun und kross sind, kann man sie aus der Pfanne nehmen.

Anrichten:

Die Stinte auf Küchenpapier abtropfen lassen, kurz salzen und mit ein wenig Zitronensaft beträufeln. Als Beilagen empfehlen sich warmer Kartoffelsalat, Salz- oder Bratkartoffeln mit grünem Salat oder Gurkensalat.

Stinte waren früher häufig an der Ostseeküste anzutreffende, fünfzehn bis zwanzig Zentimeter lange Fische mit schlankem und seitlich wenig abgeflachtem, leicht durchscheinendem Körper. Ihr schmaler Kopf hat ein spitz zulaufendes Maul, der Rücken und die Seiten sind graugrün bis rosa, ihre Flanken glänzen silbrig. Die Stinte versammeln sich im zeitigen Frühjahr in großen Schwärmen vor den Flussmündungen, um dann bei passender Wassertemperatur in die Brackwasserzonen und im Unterlauf abzulaichen. Die Schwärme waren früher so groß, dass man die Fische in Waschkörben fangen konnte. Durch die Verschmutzung der Flüsse sind diese Fische aber selten geworden.

„Wat rührst mank de Stint“,
seggt de Fischfru,
„meinst, dat's Aal warden?“

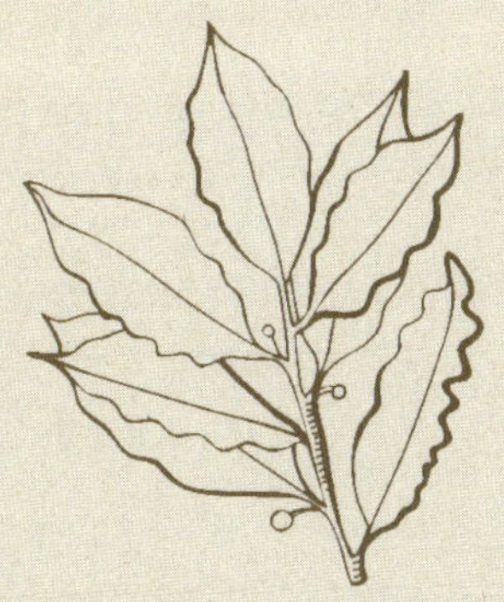

Dorsch in Schmunzelsoße

Die Schmunzelsoße hat ihren Ursprung im Baltischen Raum und hat sich von dort aus über ganz Norddeutschland ausgebreitet.
Es gibt viele Erklärungen für den Begriff „Schmunzelsoße“: Das Mehl scheint bei der Zubereitung Fratzen zu schneiden, oder: Weil es dieses Gericht immer kurz vor dem Ersten gab, wenn kein Geld mehr in der Haushaltskasse war.

Zutaten:

800 g Dorschfilet
Salz, Pfeffer
1 EL Zitronensaft
2 Eier
50 g geräucherter Speck
3 EL Öl
200 g Paniermehl

Für die Soße:

1 EL Butter
1 EL Mehl
100 ml Fischfond
100 ml Milch

Zubereitung:

Die Dorschfilets abwaschen, trocken tupfen, salzen und mit Zitronensaft beträufeln.
Die Eier auf einem Teller mit einem Esslöffel Wasser verquirlen, das Paniermehl auf einen weiteren Teller geben.
Den Speck würfeln und in einer Pfanne im Öl ausbraten.
Die Filets zuerst im Ei, dann im Paniermehl wenden und im heißen Fett von beiden Seiten goldbraun braten, herausnehmen und warm stellen.
Für die Soße die Butter zum Bratfett geben und schmelzen, das Mehl hinzufügen und unter Rühren eine Schwitze herstellen, mit Fischfond und Milch ablöschen und noch zehn Minuten unter Rühren köcheln lassen. Abschließend mit Salz und Pfeffer abschmecken.

Anrichten:

Zu den Dorschfilets mit Schmunzelsoße wird warmer Kartoffelsalat gereicht.

Im Garten

Die hohen Himbeerwände
Trennten dich und mich,
Doch im Laubwerk unsre Hände
Fanden von selber sich.

Die Hecke konnt' es nicht wehren,
Wie hoch sie immer stund:
Ich reichte dir die Beeren,
Und du reichtest mir deinen Mund.

Ach, schrittest du durch den Garten
Noch einmal im raschen Gang,
Wie gerne wollt' ich warten,
Warten stundenlang.

Theodor Fontane

Wildgerichte

Wanderwögel

Hoch am hellen blauen Frühlingshimmel
Sah ich Wandervögel, die gen Osten flogen –
Kehrten heim aus Winters Ferne.
Meine Seele ist wohl mitgezogen,
sucht voll Sehnsucht auch der Heimat Sterne.
Könnt ich wie der Kranich heimwärts eilen,
zu vertrauten und geliebten Räumen,
und Verlornes selig wiederfinden!
„Ist's uns doch zumut, als ob wir träumen!"
Heimwehkrank sah ich den Flug verschwinden,
in dem hellen Dunst der Himmelsbläue;
Wandervögel sind wir Menschen alle –
Einmal werden wir die Heimat finden.

Marie Luise von Roon

Wildsuppe

Im alten Pommern hat man das Wild nicht küchenfertig beim Metzger gekauft, sondern selbst geschossen und auf dem Hof verarbeitet. Insofern fiel auch Hasenklein, Rehklein usw. an, das für weitere Mahlzeiten verwendet wurde – z.B. für eine Vorsuppe.

Zutaten:

1 kg Wildklein (Hals oder Rippenfleisch)
Butter
etwas Wurzelwerk
etwas Bouillon
1 Lorbeerblatt
5 Gewürzkörner (Piment)
1 Glas Portwein

Zubereitung:

Das Wildklein gut wässern, trocken tupfen, mit einem Stück Butter und/oder auch übrig gebliebener Bratensoße aufsetzen, salzen und zugedeckt eine halbe Stunde schmoren.
Etwas Wasser zugießen.
Das Wurzelwerk putzen, würfeln, mit den Gewürzen in den Topf zum Fleisch geben, etwas Bouillon zugießen und die Suppe nochmals zwei Stunden kochen.
Das Fleisch für eine andere Verwendung aus der Suppe nehmen.
Die Brühe durchseihen und mit Mehl leicht binden.
Besonders lecker wird die Wildsuppe, wenn man noch ein Glas Portwein hineingibt.

Anmerkung:

Genaue Mengenangaben zu diesem Rezept sind nicht möglich, da die Zusammensetzung der Suppe von der Art und Menge des Wildkleins abhängt.

Fasanenbraten

In einem alten Stettiner Kochbuch aus der Mitte des 19. Jahrhunderts findet man noch Rezepte für die verschiedensten Wildgeflügelarten. Damals gab es noch viel Federvieh in der pommerschen Landschaft. Man schoss und verarbeitete neben Fasanen vor allem Haselhühner, Birkhühner, Auerwild und sogar Krammetsvögel. In diesem Rezeptbuch ist genau vermerkt, wie ein Fasan ausgenommen, gerupft und gespickt wird. Damals hat man die prächtigen Kopf- und Schwanzfedern der männlichen Fasane vorsichtig herausgezogen, um damit den fertig gebratenen Vogel auf der Tafel zu schmücken.
P.S. Früher musste man beim Verzehren des Fasans auf Schrotkugeln achten. Heutige Fasane kommen aus der Geflügelhaltung und sind „bleifrei“.

Zutaten:

1 Fasan (küchenfertig)
50 g zerlassene Butter
4 Speckscheiben
2 Zwiebeln
2 Möhren
4 Wacholderbeeren
1 Glas Rotwein
½ Becher Crème Fraîche
Salz, Pfeffer

Für die Soße:

Rotwein
1 kleines Stück Ingwer
1 EL Honig

Zubereitung:

Den Fasan von innen und außen salzen, pfeffern und mit zerlassener Butter bepinseln.
Den Fasan auf dem Rücken in einen Bräter legen und die obere Brustseite mit den Speckscheiben belegen.
Die Zwiebeln und die Möhren schälen und würfeln.
Das Gemüse neben den Fasan legen und die Wacholderbeeren in den Bräter geben. Dazu eine Tasse Wasser stellen.
Den Fasan zunächst für 45 Minuten bei 200° C im Backofen braten, dabei alle 15 Minuten mit dem Bratfett begießen.
Dann den Backofen auf 180° Grad C zurückdrehen, die Speckscheiben vom Fasan entfernen, den Rotwein angießen und den Fasan mit der Crème Fraîche bestreichen, dabei auch einen Esslöffel voll in die Bauchhöhle geben.
Den Fasan nochmals 20 Minuten weiter braten und zwischendurch erneut mit dem Bratensaft begießen. Den Fasan warm stellen (am besten im ausgeschalteten Backofen).
Den Bratensaft durch ein Sieb passieren und nach Geschmack mit Rotwein auffüllen, ein wenig Ingwer hineinreiben, den Honig zugeben und zum Schluss die Soße noch einmal aufkochen. Dann mit Salz und Pfeffer abschmecken.
Zum gebratenen Fasan werden traditionell Rotkohl und Salzkartoffeln gereicht.

Fasan tranchieren:

Wichtig ist das richtige Werkzeug: Eine gute Geflügelschere, ein langes scharfes Messer und eine Fleischgabel.
Den Vogel auf den Rücken legen, mit dem Messer um die Keulen herum großzügig das Fleisch bis zum Knochen einschneiden, bis man die Gelenke sieht und diese dann mit dem Messer oder mit der Schere durchtrennen. Die Keulen zur Seite legen. Mit den Flügeln ebenso verfahren. Mit dem Messer direkt am Brustknochen entlang schneiden und so das Brustfleisch von den Knochen lösen. Die gelösten Teile stellt man im geschlossenen Ofen bis zum Servieren warm.

Ik weet eenen Eekboom de steiht an de See

Ik weet eenen Eekboom de steiht an de See
de Noordstorm, de bruust in sien Knaest
stolt reckt he de Kroon in'e Hööcht
so is dat al dusend Johr west
Keen Minschenhand, de hett em plant
he reckt sik vun Pommern bet Nedderland

Ik weet eenen Eekboom vull Knorrn un vull Knaest
op de´n faat keen Biel un keen Aext
Sien Bork is so ruuch un sien Holt is so fast
as weer he mal bannt un behext
Nix hett em dahn, he warrt noch stahn
wenn wedder mal dusend vun Johrn vergahn

Un de König un sien Königin
un sien Dochter, de gahn an de'n Strand
„Wat deiht dat för´n maechdigen Eekboom sien
de sien Telgen reckt över dat Land
'keen hett em plaegt, ´keen hett em haegt
dat he sien Blaeder so lustig röögt?"
Un as nu de König sien Antwoort begehrt
steiht vör em en junge Gesell

„Herr König, ji hebbt ju ja sunst nich d'rum scheert
ju Fru nich un ok ju Mamsell
Keen vörnaehm Lüüd, de em harrn Tiet günnt
to sehn, dat de'n Boom ok sien Recht to kümmt
Un doch gröönt so lustig de Eekboom opstunns
wi Arbeitslüüd hebbt em wahrt

de Eekboom, Herr König, de Eekboom is uns'
uns' plattdüütsche Spraak is´t un Aart
keen vörnehm Kunst hett se uns verhunst
frie wußen, to Hööchden ahn Königsgunst."
Gau gifft em de König sien Dochter de Hand
„Gott saegen di, Gesell, för dien Raed

Wenn de Stormwind eerst bruust dör dat düütsche Land
denn weet ik en saeker Staed
'keen eegen Aart frie winnt un wahrt
bi de'n is in Noot een to'n Besten verwahrt!"

Text: Fritz Reuter (1810-1874)

Musik: W. Bade

Hasenleberpastete

Die Hohe Jagd auf Rot- und Schwarzwild war eine herrschaftliche Angelegenheit. Die Niedere Jagd auf Hasen und Kaninchen war ein Ereignis, an dem das ganze Dorf teilnahm. Mit Stöcken bewaffnete Treiber zogen immer in gegenseitiger Sichtweise durch Wald und Flur, klopften gegen Stämme und Büsche, und wenn ein Hase aufsprang, wurde das mit freudigen Rufen „*Has up, Has up*“ begleitet.

Zutaten:
(für 6-8 Portionen)

Hasenklein von 3 Hasen (ca. 750 g)
Salz, Pfeffer
1 Gemüsezwiebel
3 Hasenlebern
250 g Schweineleber
300 g fetter Speck
Kapern

Zubereitung:

Das Hasenklein aus Vorderläufen, Hals und Bauchlappen in kochendes Salzwasser legen und etwa eine Dreiviertelstunde kochen.
Zwanzig Minuten vor Ende der Kochzeit die gepellte Zwiebel im Ganzen mitgaren.
Das Hasenklein aus der Brühe nehmen und abkühlen lassen.
Das Fleisch von den Knochen lösen.
Das Fleisch mit der Zwiebel, den Hasenlebern, der Schweineleber und dem größten Teil des in Streifen geschnittenen Specks durch den Fleischwolf drehen.
Die Fleischmasse gut verrühren und mit Salz, Pfeffer und den Kapern abschmecken. Den restlichen Speck in dünne Streifen schneiden und eine Pastetenform (Tonform) damit auslegen.
Die Fleischmasse in die Pastetenform füllen und glatt streichen.
Die Pastete im Wasserbad im vorgeheizten Backofen bei 175° C (Gas Stufe 2) eine Stunde garen lassen.

Anrichten:

Die Pastete abkühlen lassen, stürzen, und anschließend mit Baguettescheiben als Vorspeise reichen.

Rehkeule

Zutaten:
(für 6-8 Portionen)

1 Rehkeule (etwa 2 kg)
Salz, Pfeffer
4 zerdrückte Wacholderbeeren
1 TL Ingwer
Koriander
1 Thymianzweig
1 Lorbeerblatt
Pfefferkörner
6 dünne Scheiben durchwachsener Speck
50 g Butter
1 Zwiebel
1 Möhre
1 Stück Sellerie
1 Petersilienwurzel
¼ l Rotwein
¼ l Crème fraîche

Zubereitung:

Die Rehkeule über Nacht in ein mit Essig getränktes Tuch wickeln.
Die Keule sorgfältig enthäuten und das Fleisch um den Knochen etwas einschneiden.
Aus Salz, Pfeffer, den zerdrückten Wacholderbeeren, Ingwer und Koriander eine Gewürzmischung herstellen, mit der das Rehfleisch eingerieben wird
Das Fleisch mit den Speckscheiben umlegen und mit Küchengarn umwickeln.
Die Butter erhitzen, die Rehkeule darin anbraten und die restlichen Gewürze mit dem geputzten und klein geschnittenen Suppengrün zufügen.
Die Keule im vorgeheizten Backofen bei 220° C anderthalb bis zwei Stunden braten und während des Bratens immer wieder mit dem Bratensaft begießen.
Die Keule aus dem Ofen nehmen, in Alufolie verpacken und warm stellen.
Den Bratensatz entfetten, mit dem Wein aufkochen lassen, in eine Kasserolle geben, die Crème fraîche hinzufügen und die Soße zehn Minuten einkochen.
Die Speckscheiben von der Rehkeule entfernen.

Anrichten:

Das Fleisch aufschneiden und auf eine vorgewärmten Platte legen.
Die Soße durch ein Sieb streichen und separat servieren.
Als Beilagen eignen sich Pfifferlinge, Rosenkohl oder Rotkohl – und natürlich Kartoffeln.

Wildpfeffer

Zutaten:
(für 4 Portionen)

1 kg Hirschgulasch
Pfeffer
Wacholderbeeren
1 Messerspitze Piment, Zimt und Ingwer
2 Karotten
½ Sellerieknolle
12 kleine Zwiebeln
50 g durchwachsener Speck
2 EL Butter
Salz
1 Zweig Thymian
1 Lorbeerblatt
¼ l Rotwein
¼ l Fleischbrühe
¼ l Sahne
1 EL Preiselbeeren

Zubereitung: Die Gewürze mischen und die Fleischwürfel in einer Schüssel damit einreiben.
Die Butter in einem Schmortopf erhitzen und den in Würfel geschnittenen Speck darin anschwitzen.
Das Fleisch und die geschälten Zwiebeln zufügen und von allen Seiten anbraten.
Das Suppengrün putzen, würfeln, zum Fleisch geben und kurz mitdünsten.
Das Fleisch salzen, mit dem Thymian und dem Lorbeerblatt würzen.
Das Fleisch mit dem Rotwein und der Fleischbrühe aufgießen und zugedeckt bei milder Hitze zwei bis zweieinhalb Stunden schmoren lassen.
Die Sahne an das Wildpfeffer geben und im Topf schmoren lassen, bis sie eingedickt ist.
Abschließend das Wildpfeffer mit Preiselbeeren, Salz und Pfeffer abschmecken.

Anrichten: Zum Wildpfeffer passen Knödel und Rotkohl, dazu ein Rote-Bete- oder Rapunzelsalat.

Anmerkung: Für ein gutes Hirschwildpfeffer eignet sich das Fleisch aus der Keule am besten. Zusätzlich kann man das Fleisch am Vortag in eine Beize legen – dann sind auch Schulter, Brust oder Hals verwendbar.

Frischlingsrücken

Zutaten:

1 Frischlingsrücken (ca. 2 kg)
1 Flasche Rotwein
1 Lorbeerblatt
1 TL grüner Pfeffer
1 Thymianzweig
Salz, Cayennepfeffer
1 mit 2 Nelken gespickte Zwiebel
1 EL Öl
2 EL Butter
100 g frische Holunderbeeren
1 kleines Glas Madeira
Salz, Pfeffer
scharfer Senf
Butterflöckchen

Zubereitung:

Die Fettkante des Frischlingsrückens mit einem scharfen Messer kreuzweise einritzen.
Den Frischlingsrücken in einen Topf mit einer Marinade aus dem Rotwein, der gespickten Zwiebel, dem Öl und den Gewürzen geben und über Nacht zugedeckt stehen lassen.
Den Frischlingsrücken aus dem Topf nehmen, mit einem Tuch trocken tupfen und leicht mit Salz und Cayennepfeffer würzen.
Öl und Butter in einem Bräter erhitzen und das Fleisch darin von allen Seiten hellbraun anbraten.
Den Bräter in den Backofen schieben, den Frischlingsrücken bei 220° C gut anderthalb Stunden garen und dabei immer wieder mit dem Bratenfett beschöpfen.
Den Frischlingsrücken aus dem Bräter nehmen und warm stellen.
Die Holunderbeeren im Mixer pürieren.
Den Bratensatz mit etwas Marinade abkochen, in eine Kasserolle geben, entfetten und das Holunderpüree mit dem Madeira zufügen.
Die Soße etwas einkochen lassen und mit Salz, Pfeffer, scharfem Senf (nach Geschmack) und einigen Butterflöckchen abschmecken.

Anrichten:

Den Frischlingsrücken in Scheiben schneiden, auf eine vorgewärmte Platte legen und die Soße getrennt dazu reichen.
Als Beilagen zum Frischlingsrücken passen Kartoffelplätzchen und Apfelrotkohl.

Anmerkung:

Wenn der Frischlingsrücken beim Braten zu dunkel wird, etwas Marinade zum Bratenfett zugeben.

Wilder Schweinskopf

Wer sich für die pommersche Küche interessiert, muss sich auch mit den damals üblichen Kochgepflogenheiten vertraut machen. Da gibt es mancherlei Essgewohnheiten, die heute nicht mehr üblich sind, aber ein gutes Bild von der damaligen Lebensweise geben.

Schweinskopfsülze isst heute jedermann gerne, aber einen ganzen Schweinskopf auf dem Tisch? Und dann auch noch vom Wildschwein? Das klingt für den heutigen Geschmack durchaus ungewöhnlich. Aber Rezepte dafür findet man durchweg in alten pommerschen Kochbüchern. Übrigens hieß es darin, dass man den Wildschweinkopf „in die Schmiede schickt, um dort die Borsten abzusengen".

Zutaten:

1 Wildschweinkopf
Salz
gekörnte Brühe
Lorbeerblätter
1 EL Bullrichsalz
etwas Weinessig

Zur Dekoration:

1 Zitrone
Myrthe
1 hartgekochtes Ei

Zubereitung:

Den entborsteten Wildschweinkopf in kaltem Wasser abwaschen, ein rundes Stück Buchenholz in sein Maul stecken, dann den Kopf mit einem Tuch zubinden und ihn sieben bis acht Stunden in einem Kessel kochen.
Salz, körnige Brühe, Lorbeerblätter und das Bullrichsalz in den Sud geben.
Eine Stunde vor Ende der Kochzeit den Weinessig in den Sud geben, dieser darf aber nicht zu säuerlich werden.
Den Kopf nach der Garzeit auf ein Holzbrett legen und abkühlen lassen. Wenn er noch ein wenig warm ist, das Tuch abbinden.

Anrichten:

Statt des Holzes steckt man eine Zitrone ins Maul, in die Ohren Myrthe und in die Augen je ein halbes hartgekochtes Ei.
Der Wilde Schweinskopf wird üblicherweise kalt serviert. Dazu reicht man Remouladensoße.

Anmerkung:

Bereitet man einen Zahmen Schweinskopf auf die gleiche Weise zu, sollte man zusätzlich Wacholderbeeren in den Sud geben, um den Wildgeschmack zu gewährleisten.

Anekdote um den „groben Pommern"

Ein hochnäsiger „Kavalier" kommt in einen Dorfkrug und fragt: „Kann man bei Ihnen auch etwas zu essen kriegen?"
„Jo, bi mi giwt dat allens!", beteuert der Gastwirt.
„Dann bitte Ochsenzunge in Madeira!"
„Jawoll, können Sei kriegen."
Nach angemessener Zeit kommt der Wirt zurück und stellt ein Glas Madeira vor den Gast.
„Erlauben Sie mal, ich habe Ochsenzunge in Madeira bestellt!"
„Den Madeira hebben Sei doch vör sik. Nu hängen Sei man noch Ehr Tung recht lang in dat Glas, denn hebben Sei, wat Sei wünscht hebben: Ochsenzunge in Madeira!"

Nachspeisen

Pommersche Tollatschen

Tollatschen sind eine Spezialität, die in ganz Pommern bekannt ist. In Ostpommern wurden sie als Kollatschen gekannt und dort besonders groß, geradezu als faustgroße Knödel zubereitet und dann in Scheiben geschnitten als Nachspeise bei Schlachtfesten gereicht.

Zutaten:

(für 4 große oder mehrere kleinere Klöße)

- 6 altbackene Semmeln
- Milch zum Einweichen der Semmeln
- 250 ml Schweineblut
- 75 g Weizenmehl
- 50 g Zucker
- 1 Päckchen Vanillezucker
- 70 g Rosinen
- 60 g Räucherspeckwürfel
- Salz
- Brühe

Zubereitung: Die Semmeln etwa eine Stunde in Milch einweichen.
Danach die Semmeln gut ausdrücken und mit den restlichen Zutaten zu einem Knödelteig verarbeiten.
Aus dem Teig die Knödel formen.
Die Brühe zum Kochen bringen und die Knödel darin 20 Minuten gar ziehen lassen.
Anschließend die Knödel mit einem Schaumlöffel aus der Brühe nehmen und auf Küchenpapier abtropfen lassen.

Anrichten: Große Klöße in Scheiben geschnitten bzw. die kleineren Klöße im Ganzen auf Teller geben und mit Apfelmus servieren.

Anmerkung: Als Variante der Zubereitung kann die Knödelmasse zusätzlich mit einem halben Teelöffel gemahlenem Anis, einer Prise gemahlenem Zimt oder Lebkuchengewürz verfeinert werden.
Beim Schlachtfest fiel früher natürlich Schweineblut und Kesselbrühe an. Heute muss man Schweineblut extra beim Metzger bestellen.
Und anstelle von Kesselbrühe nimmt man Fleischbrühe.

Saure Pflaumen

Wenn dieser Nachtisch auch „Saure Pflaumen“ heißt, so zeigt er doch die für Pommern so typische süß-saure Geschmacksnote. Man sollte ihn zu einer Kugel Zitroneneis servieren – einfach wundervoll!

Zutaten:

(für 10 Nachtisch-portionen)

500 g blaue Pflaumen
¼ l Essig
250 g Zucker
½ Zimtrinde
4 Nelken

Zubereitung:

Die Pflaumen entsteinen.
Essig, Zucker, Zimt und Nelken in einen Topf geben und aufkochen.
Die Pflaumen dazugeben und ca. 2 Minuten mitkochen.
Am nächsten Tag die Pflaumen abgießen und den Sud auffangen.
Den Sud erneut aufkochen, abkühlen lassen und wieder über die Pflaumen gießen.
Die Prozedur am dritten Tag wiederholen.
Dann alles in ein großes Schraubglas geben und mindestens 6 Wochen ziehen lassen.

Anmerkung:

Es ist besser, Weinessig anstelle von einfachem Essig zu nehmen.
Man darf die Pflaumen nicht mitkochen, sonst gibt es saures Pflaumenmus.

Aprikosenspeise

Zutaten:
(für 10 Nachtisch-portionen)

1 kg Aprikosen
15-20 Blatt Gelatine
½ l Sahne
Biskuit, Aprikosenspalten

Zubereitung:

Die Aprikosen durch ein Sieb rühren, so dass sich etwa ein halber Liter Saft ergibt.
Die aufgelöste Gelatine dazugeben.
Die Sahne steif schlagen und unterheben.
Die Aprikosenspeise in eine Schüssel füllen, die Masse erkalten lassen und dann stürzen.
Die Aprikosenspeise auf Teller geben und mit Biskuit und Aprikosenspalten servieren.

Kreude

Kreude ist ein wohlschmeckender, dunkelbrauner Zuckersirup. Die Kreude wurde aus dem gepressten Saft von Zuckerrüben unter Zusatz von Kürbis und manchmal auch einigen Möhren in einem sehr lange dauernden, mühseligen Kochprozess unter ständigem Rühren hergestellt. Manche pommerschen Höfe besaßen sogar eigens eine Kreude-Presse, ansonsten musste sie ausgeliehen werden. Zum Einkochen benutzte man den großen kupfernen Kessel in der Waschküche, unter dem immer das Holzfeuer prasselte.

Das Einkochen von Kreude war in Pommern ein großes Familienvergnügen, bei dem alle lange aufblieben, bis der Sirup fertig gekocht war. Zwischendurch machte man immer wieder Tellerproben, um die Dicke und Festigkeit der Kreude zu testen. Kreude wurde in Steintöpfen aufgehoben, die man zur längeren Haltbarkeit mit Rindertalg verschloss. Heute nimmt man Gläser mit Schraubverschluss.

Mit Kreude bestrich man kleine Brotscheiben oder kleine Kuchen, die dann als Nachtisch gereicht wurden.

Zutaten:

Zuckerrüben
Kürbis

Zubereitung:

Zuckerrüben gut säubern, schnitzeln und weich kochen. Die weichen Zuckerrübenschnitzel in einer Kreudenpresse auspressen – hat man keine Presse, steckt man die Zuckerrübenschnitzel in einen Sack und presst sie so aus.

Der ausgetretene Zuckerrübensaft wird in einen Kupferkessel gegeben und unter ständigem Rühren gekocht. Im Laufe des Kochvorgangs dickt der Saft allmählich ein und nimmt eine immer dunklere braune Farbe an.

Hat man drei Viertel des Kochprozesses hinter sich, gibt man klein geschnittenen Kürbis hinzu. Die Kreude wird so lange unter Rühren fertig gekocht, bis die Masse eine glatte, dickflüssige Konsistenz hat.

Fliederkreude

Fliederkreude ist eine pommersche Variante der aus Zuckerrüben gekochten Kreude – in diesem Fall werden Fliederbeeren eingedickt. Der Arbeitsprozess ist genauso langwierig, die Sauerei ist groß, aber das Ergebnis ist ausgesprochen lecker.

Zubereitung:

Fliederbeeren sammeln (nur ganz reife schwarze Beeren, die Stengel der Beeren müssen rot bis dunkelrot sein)

Die Beeren mit einem groben Kamm von den Stängeln trennen.

Die Beeren gut waschen und mit einem elektrischen Quirl zu einer saftigen Pulpe (breiige Masse mit Fruchtstücken zur Herstellung von Konfitüre) verarbeiten.

Den Fliederbeersaft mit einem Strumpf oder einem Gazenetz in einen Topf auspressen.

Den Fliederbeersaft unter ständigem Rühren kochen, bis nur noch eine fast klebrige Masse übrig bleibt.

Die heiße Masse in Gläser mit Schraubverschluss füllen und stehen lassen, bis die Fliederkreude abgekühlt ist.

Anmerkung:

Drei Eimer Fliederbeeren ergeben 10 Liter Saft, daraus gewinnt man ca. 250 ml Fliederkreude.

Erdbeercreme

Variante I

Zutaten: (für 4 Portionen)

750 g Erdbeeren
100-200 g Zucker

Für die Creme:

¾ l Milch
70 g Zucker
1 Stange Vanille
70 g Speisestärke
2 Eigelb

Zubereitung:

Die Erdbeeren waschen, von den Stielen befreien und in einer Glasschale gut zuckern.
Für die Creme die Milch mit 70 g Zucker und der Vanillestange aufkochen.
Die Speisestärke in einem Viertelliter Wasser anrühren, unter stetem Rühren zum Kochen bringen, mehrmals aufwallen lassen und dann vom Feuer nehmen.
Die zwei Eigelbe darunter rühren und die Creme nach Erkalten über die Erdbeeren geben.

Variante II

Zutaten:
(für 4 Portionen)

½ l Erdbeermark
250 g Zucker
etwas Zitronensaft
15 Blatt Gelatine
¼ l geschlagene Sahne

Zubereitung:

Das Erdbeermark mit dem Zucker und Zitronensaft verrühren.
Die Gelatine auflösen und unter das Erdbeermark rühren.
Wenn die Masse anfängt einzudicken, die Schlagsahne unterheben und die Erdbeercreme steif werden lassen.

Buttermilchpudding

Zutaten:
(für 10 Portionen)

1 l frische Buttermilch
75 g feinen Zucker
etwas Vanillepulver
8 Blatt weiße Gelatine und 4 Blatt rote Gelatine
3 EL kochendes Wasser
1 TL Zitronensaft

Zubereitung:

Die Gelatine mit dem Wasser und dem Zitronensaft auflösen.
Den Zucker mit der Vanille und der Milch verrühren.
Die Gelatine in die Milch geben.
Den Pudding in einer Glasschüssel zum Erstarren bringen.

Anrichten:

Den Buttermilchpudding mit Früchten servieren.

„Denke, was du willst,
tu, was du sollst,
hüte, was du fühlst,
schweige, wenn du grollst.

Sprich, wenn du mußt,
wirke mit Lust,
zag nicht in Not,
baue auf Gott.“

Heinrich von Stephans' Lebensmaxime

Osterspeise

Zutaten:

½ l Milch
3 EL Kakaopulver
3 EL Zucker
1 EL Kartoffelmehl
4 Eier, getrennt
8 Blatt weiße Gelatine

Für die Haube:

5 Eier, getrennt
5 EL Zucker
2 EL Zitronensaft
1 EL Rum
6 Blatt Gelatine

Zubereitung:

Die Milch aufkochen, das Kakaopulver, den Zucker und das Kartoffelmehl einquirlen, noch einmal aufkochen und dann erkalten lassen.
Die Eigelbe, die aufgelöste Gelatine sowie das zu Schnee geschlagene Eiweiß unterheben und alles in eine Glasschüssel geben.
Die Schokoladenspeise steif werden lassen.
Für die Haube auf der österlichen Schokoladenspeise rührt man die Eigelbe, den Zucker und den Zitronensaft mit dem Rum schaumig, gibt die aufgelöste Gelatine zu, hebt das zu Schnee geschlagene Eiweiß unter und füllt die Masse auf die Schokoladenspeise.

Anrichten:

Vor dem Servieren sollte die österliche Schokoladenspeise kalt gestellt werden.

„Stiep, stiep, Osterei,
ich bitte um ein Kakel-Ei.
Gibst du mir kein Oster-Ei,
stiep ich dir das Hemd entzwei!“

Spruch zum Brauch des Osterrutenaustragens

Karamellpudding

Zutaten:
(für 4 Portionen)

4 EL Zucker
1 l Milch
100 g Speisestärke
2 Eier
1 Stange Vanille
4 EL Zucker
1 Prise Salz

Zubereitung:

Den Zucker unter Rühren hellgelb rösten, 750 ml Milch dazugießen und mit Salz und Vanille zum Kochen bringen.
Inzwischen die Speisestärke mit zwei Eigelben und dem restlichen Viertelliter kalter Milch anrühren und in die kochende Flüssigkeit geben.
Die Milch eine Minute mit dem Schneebesen schlagen.
Das Eiweiß zu Schnee schlagen und darunter ziehen.
Abschließend den Karamellpudding stürzen.

Anrichten:

Zum Karamellpudding Vanillesoße reichen.

De olle Weig'

Von ungefähr dröggt mi en still Gedanken
So säuten Gang as Weigenledder tau.
Willst du, leiw Mudding, wedder mi beschenken?
Höllst doch all lang' din wollverdeinte Rauh!

Hüt klingt mi wedder, wat mi oft hett klungen,
wat ick up wide Wannerschaft vergeet,
wat du so oft an de oll' Weig' hest sungen,
din olles leiwes, trues Weigenleed.

De olle Weig' , - wa't bürg' sei Gottes Segen!
Von't väle Weigen wör sei krumm und scheiw.
Hest weigt un wakt – un jeden von din Nägen
Haddst du in dinen truen Harten leiw.

De olle Weig' mit Schwanken un mit Wanken, -
Wormstäkig un verfollen is sei lang'.
Doch immer, Mudder, gahn dörch min Gedanken
Din leiw Gesicht, din säute Weigensang.

Fritz Dittmer

Kalte Rhabarberspeise

Zutaten:

500 g Rhabarber
400 g Zucker
1 Zitrone
1 Portion Schlagsahne
50 g fein gehackte Mandeln
3 Glas Weißwein
10 Blatt weiße Gelatine

Zubereitung:

Die Rhabarberstangen schälen und in Stücke schneiden.
Die Zitronenschale reiben und die Zitrone auspressen.
Die Rhabarberstücke mit dem Zucker, dem Saft und der Schale der Zitrone, den Mandeln und zwei Esslöffeln Wasser zu Mus kochen.
Mit dem erwärmten Wein die Gelatine auflösen und unter ständigem Rühren mit dem Rhabarbermus vermengen.
Die Rhabarberspeise auf Eis stellen und dann stürzen.

Anrichten:

Zur Kalten Rhabarberspeise Vanillesoße und Schlagsahne reichen.

Kaffee-Creme

Zutaten:
(für 10 Portionen)

1 l Milch
½ Schote Vanille
175 g gemahlener Kaffee
125 g Zucker
3 Eigelbe
1 EL feine Speisestärke
15 Blatt weiße Gelatine
¼ l geschlagene Sahne

Zur Verzierung: Sahne und Mokkabohnen

Zubereitung:

Die Hälfte der Milch mit der halben Vanilleschote kochen.
Den gemahlenen Kaffee in die Milch geben und zugedeckt eine halbe Stunde ziehen lassen.
Die Milch durch ein Leinentuch gießen, mit dem Zucker, den Eigelben und der Speisestärke, die man vorher in der anderen Hälfte der Milch kalt zerquirlt hat, vermischen und unter ständigem Rühren im Wasserbad dick werden lassen.
15 Blatt weiße Gelatine auflösen, verkochen lassen und in die Milch gießen, rühren, bis sie dicklich wird und dann die geschlagene Sahne unterziehen.

Anrichten:

Die Kaffee-Creme portionsweise auf Teller geben und mit Schlagsahne und Mokkabohnen garnieren.

Hüppel di püppel,
de Worscht hett twee Zippel,
Twee Zippel hat de Worscht,
un ick heff Dorscht,
De Speck hätt twee Ecken,
dat schall man so schmecken!

Abzählvers

Schwammpudding

Das Rezept stammt aus einem Stettiner Kochbuch aus dem Jahre 1845.

Zutaten:

½ l Milch
500 g Butter
200 g Zucker
500 g Weizenmehl
6 Eier
10 Eigelbe
abgeriebene Schale 1 Zitrone
10 Eiweiß
Butter zum Ausfetten

Zubereitung:

Die Milch mit der Butter und dem Zucker zum Kochen bringen. Unter beständigem Rühren das Mehl hinzuschütten und das Ganze so lange kochen lassen, bis sich der Teig von der Kelle löst.

Den Teig mit sechs Eiern, 10 Eigelben und der Zitronenschale in eine Schüssel geben und eine halbe Stunde rühren.

Das Eiweiß schaumig schlagen und ebenso unter den Teig rühren, bis sich der Schaum verloren hat.

Nunmehr gibt man den Teig in eine zuvor ausgefettete Puddingform, die in einen größeren Topf mit kochendem Wasser gesetzt wird und gart den Pudding anderthalb Stunden im Wasserbad.

Anrichten:

Zum Servieren wird der erkaltete Pudding auf einen großen Teller gestürzt.

Zum Schwammpudding reicht man eine Vanille- oder Fruchtsoße.

Kalter Hund

Kalter Hund ist ein Schichtkuchen, auch Kalte Schnauze oder Zebrakuchen genannt, der um 1900 aufkam. Sein Name leitet sich von den Grubenhunden der Bergleute ab, denn seine Oberfläche erinnert an die feuchte Schnauze eines Hundes.

Zutaten:
(für 4 Portionen)

3 Eier
250 g Zucker
6 EL Kakao
220 g Kokosfett
1 Päckchen Mandelsplitter
2 Päckchen Tortenkekse

Zubereitung:

Eine Kastenform mit Backpapier ausschlagen.
Das Kokosfett zerlassen.
Die Eier in eine Schüssel schlagen, mit Zucker und Kakao verrühren und dann das erwärmte Kokosfett langsam unterrühren.
Die glatte Masse im Wasserbad warm stellen.
Den Boden der Kastenform mit einer dünnen Schicht Kakaomasse ausgießen, darauf Kekse legen, darüber Kakaomasse verteilen und wieder Kekse auflegen.
In dieser Weise weiter verfahren, bis die Zutaten aufgebraucht sind, wobei die oberste Schicht Kakaomasse ist, auf die die Mandelsplitter gestreut werden.
Die Form für zwei Stunden in den Kühlschrank stellen.
Wenn die Form nur zu ¾ gefüllt ist, lässt es sich viel besser portionieren.
Vor dem Schneiden 15 Minuten bei Raumtemperatur stehen lassen.

Kuchen und Gebäck

Blech-Käsekuchen

Zutaten:

Für den Teig:

150 g Mehl
½ Päckchen Trockenhefe
2 EL Zucker
Salz
1 Ei
3 EL Sahne
25 g zerlassene Butter
Butter für das Blech

Für die Füllung:

100 g weißer Käse
60 g Butter
4 Eier
180 g Zucker
3 EL Kartoffelmehl
Korinthen

Zubereitung:

Das Mehl mit der Trockenhefe gut vermischen, Zucker, Salz, Ei, Sahne und Butter zufügen und alles zu einem glatten Hefeteig verarbeiten. Danach den Teig zugedeckt an einem warmen Ort eine Stunde gehen lassen. Den weißen Käse durch ein Sieb reiben und mit der Butter tüchtig verrühren, die Eier, den Zucker und zuletzt das Kartoffelmehl unterrühren, die Korinthen dazugeben. Das Backblech einfetten oder mit Backpapier auslegen. Den Ofen auf 200° C vorheizen. Den Teig auf einer bemehlten Arbeitsfläche ausrollen, auf das Backblech legen und mit der Käsemasse bestreichen. Den Teig weitere 20 Min. gehen lassen. Den Käsekuchen im vorgeheizten Backofen 20 Min. backen. Den Kuchen nach dem Backen langsam abkühlen lassen.

Käsekuchen

Zutaten:

Für den Teig:

250g Mehl
80g Zucker
120g Butter
1 Ei
½ Päckchen Backpulver

Für die Füllung:

500g Quark
200g Zucker
½ l Milch
1 Päckchen Vanillepudding
2 Eier
2-3 Spritzer Zitrone
1 Handvoll Korinthen

Zubereitung:

Aus den angegebenen Zutaten einen Mürbeteig kneten.
Eine Springform einfetten, den Teig damit auslegen, die Ränder hochziehen und den Boden mit einer Gabel einstechen.
Für die Füllung ebenfalls die angegebenen Zutaten in den Quark einrühren.
Die Quarkmasse in die Springform geben.
Den Quarkkuchen im vorgeheizten Backofen bei 175° C eine Stunde backen.

Anmerkung:

Die Quarkmasse ist recht flüssig, daher Vorsicht beim Einfüllen, aber die Masse wird beim Backen fest.

Kirschkäsekuchen

Zutaten:

Für den Boden:

200 g Mehl
80 g Zucker
80 g Butter
1 Ei
1 Päckchen Vanillezucker
½ TL Backpulver
1 Prise Salz
Zitronensaft

Für die Füllung:

½ l Milch
200 g Zucker
3 Eier
2 Päckchen Vanillepuddingpulver
1 kg Magerquark
1 Glas Sauerkirschen (gut abgetropft)

Zubereitung:

Die Butter mit dem Zucker schaumig schlagen, das Ei unterrühren, Vanillezucker, Salz und Zitronensaft, dann das mit dem Backpulver vermischte Mehl hinzufügen und alles mit dem Knethaken der Küchenmaschine gut zu einem Teig vermengen.

Den Teig in eine gefettete Springform drücken, einen Rand hochziehen und den Boden mit einer Gabel einstechen.

Den Teigboden im vorgeheizten Backofen bei 200° C auf der zweiten Schiene von unten etwa 15 Minuten backen.

Für die Füllung einen Pudding aus der Milch, dem Zucker und dem Puddingpulver bereiten.

Den Quark mit einem Löffel gut in die heiße Puddingmasse rühren und mit einem Eigelb abziehen.

Die drei Eiweiß zu Schnee schlagen und unter die Quarkmasse ziehen.

Die gut abgetropften Kirschen auf dem vorgebackenen Boden verteilen, darauf die Füllung gießen, die verbliebenen Eigelbe gut verquirlen und über die Kuchenoberfläche streichen.

Den Kuchen bei 150° bis 160° C etwa eine Stunde backen.

Nach Beendigung der Backzeit den Ofen ausschalten und den Kuchen im Ofen stehen lassen, damit er keinen Zug bekommt und nicht einsinkt.

Anrichten:

Eine Stunde nach Abschalten des Ofens den Kuchen herausnehmen und über Nacht stehen lassen, damit er sich setzen kann – dann ist er servierfähig!

Hefekranz mit Mandelfüllung

Zutaten:

300 g gemahlene Mandeln
135 g Zucker
1 Päckchen Vanillezucker
550 ml Milch
1 EL harte Butter und 70 g weiche Butter
2 Eier
500 g Mehl
1 Prise Salz
1 Würfel Hefe
1 Eigelb
3 EL Schlagsahne
2 EL Puderzucker zum Bestäuben

Zubereitung: Die Mandeln mit der Hälfte des Zuckers, dem Vanillezucker, der Hälfte der Milch und einem Esslöffel Butter etwa 5 Minuten köcheln lassen, danach die Nussmasse wiederum 5 Minuten abkühlen lassen, 1 Ei einrühren und kalt stellen.

Die restliche Milch erwärmen.

Das Mehl mit dem restlichen Zucker und dem Salz in eine Schüssel geben und in die Mitte eine Mulde drücken. Die Hefe und 5 Esslöffel warme Milch verrühren und in die Mehlmulde geben, mit Mehl vom Rand vermischen und mit wenig Mehl bestäuben und an einem warmen Ort zugedeckt eine Viertelstunde gehen lassen.

Die weiche Butter, 1 Ei und die übrige Milch zufügen und mit den Knethaken des Handrührgerätes zu einem glatten Teig verkneten.

Den Teig nochmals zugedeckt etwa eine halbe Stunde gehen lassen.

Den Teig auf einer bemehlten Arbeitsfläche rechteckig etwa im Maß 35 x 50 Zentimeter ausrollen und mit der Nussmasse bestreichen, dabei am Rand 1 cm frei lassen.

Das Teigrechteck von der Längsseite eng aufrollen, die Teigrolle auf einem mit Backpapier ausgelegten Backblech zu einem Kranz zusammenlegen und mit einer Schere ein Zick-Zack-Muster in die Oberfläche schneiden.

Den Teigkranz nochmals etwa eine Viertelstunde gehen lassen.

Das Eigelb und die Sahne verquirlen, den Teigkranz damit bestreichen und diesen im vorgeheizten Backofen bei 200° C (Umluft: 175° C) etwa. 35 Minuten backen.

Anrichten: Den Hefekranz auf einen Kuchenteller geben und zum Servieren mit Puderzucker bestäuben.

Streuselkuchen

Die Ursprünge des Streuselkuchens sind in Schlesien zu suchen. Von hier aus breitete sich dieser Blechkuchen im 19. Jahrhundert in die preußischen Provinzen aus – bis hin ins Rheinland, wo er zunächst vorwiegend auf Beerdigungen gereicht wurde. Längst ist der Streuselkuchen in ganz Deutschland beliebt, sogar in Amerika soll es ihn geben, wo ihn deutsche Auswanderer etablierten.

Zutaten:

150 g Butter
150 g Zucker
2 Eier
Salz
500 g Weizenmehl
1 Päckchen Backpulver
¼ l Milch

Für die Streusel:

200 g Weizenmehl
150 g Zucker
1 Päckchen Vanillezucker
Zimt
150 g Butter

Zubereitung:

Zunächst wird die Butter schaumig gerührt, dann gibt man nach und nach den Zucker, die Eier und eine Prise Salz hinzu.

Das Mehl wird gesiebt, das Backpulver untergemischt und dann so viel Milch untergerührt, dass der Teig schwer reißend vom Löffel fällt.

Der Teig wird auf ein gefettetes Backblech gegeben und mit einem Teigschaber, den man immer wieder in Wasser eintaucht, glatt gestrichen.

Für die Streusel wird Mehl in eine Schüssel gesiebt und mit Zucker, Vanillezucker und Zimt vermischt.

Der Mehlmischung gibt man die Butter in kleinen Flöckchen hinzu, vermengt alle Zutaten und verarbeitet ihn mit den Händen oder mit zwei Gabeln zu Streuseln.

Die Streusel verteilt man gleichmäßig auf dem Teig.

Der Streuselkuchen wird im vorgeheizten Backofen 30 Minuten bei 180° C gebacken.

Blot en Drom

Oft seih in'n Drom en Hüs'ken ick,
en Hüs'ken, gräun von Win ümrankt;
em heww ick einst, o säutes Glück,
min' güllen Kinnertid verdankt.

Dat Hüs'ken wir vull Sünnenschin,
en lütte Borden wir dorbi;
sin besten Beeren wiren min',
sin buntsten Bläumings hörten mi.

Un wat an disse frohe Städ
dat schönste wir, wo 'ck stünn un güng':
In Hus un Borden, früh un spät,
mi inn'ge Mudderleiw ümslüng'.

Man schad, 't is noch blot en Drom:
Dat Hüs'ken würd en Hümpel Schott,
de Borden föll in Stoff un Stom,
un Mudding güng längst in tau Gott.

O sel'ge, säute Kinnertid;
Du Hüs'ken, vull von Leiw un Glück –
künn 'k trügg nah di ut Larm un Strid,
besünn 'k mi keinen Ogenblick.

Otto Graunke

Pommerscher Sandkuchen

Zutaten:

6 Eier
375 g Zucker
1 Vanillezucker
375 g Kartoffelstärke
2 EL Mehl
1 Päckchen Backpulver
375 g Butter

Zubereitung:

Die Eier mit dem Zucker und dem Vanillezucker schaumig rühren.
Das Mehl mit der Kartoffelstärke und dem Backpulver mischen und unter die Eimasse rühren.
Dann die aufgelöste, flüssige Butter einrühren.
Den Teig in eine große Form geben und im vorgeheizten Backofen bei 170° bis 180° C eine knappe Stunde backen.

Anrichten:

Zum Servieren den Sandkuchen aus der Form nehmen, erkalten lassen und mit Puderzucker bestäuben.

Kirschstreuselkuchen

Eine beliebte Variante des Streuselkuchens ist – nicht nur in Pommern – der Kirschstreuselkuchen.

Zutaten:

150 g Mehl
1 TL Backpulver
60 g Zucker
60 g Margarine
1 Ei

Für den Belag:

1 Glas Sauerkirschen
etwas Speisestärke

Für die Streusel:

200 g Mehl
100 g Zucker
1 Prise Salz
125 g Butter

Zubereitung: Für den Boden die Zutaten zu einem glatten Teig vermengen und für den Belag die Sauerkirschen abtropfen lassen, den Saft auffangen und zum Kochen bringen. Sobald der Saft kocht, mit etwas Kirschsaft angerührte Speisestärke dazugeben und dann die Kirschen vorsichtig unterheben.

Wenn die noch heiße Kirschmasse etwas fester geworden ist, diese auf den Teigboden geben. Die Zutaten für die Streusel gut verkneten, bis die Masse leicht bröselig ist. Die Streusel über dem Kuchen verteilen.

Den Streuselkuchen im vorgeheizten Backofen bei 180° C für etwa eine Stunde backen. Abschließend den Streuselkuchen auf einem Rost abkühlen lassen.

Anmerkung: Während des Backvorgangs nachsehen, ob die Streusel zu braun werden – dann den Kuchen mit Alufolie abdecken.

Bei der Zubereitung der Streusel sollte die Butter zimmerwarm sein.

Pfefferkuchen

So wurde der Pfefferkuchen in Pommern wie auch in Ostpreußen gebacken.

Zutaten:

500 g Mehl
125 g Honig
65 g Zuckerrübensirup
250 g Zucker
250 g Margarine
1 Msp. Nelkenpulver
2 Msp. Zimt
etwas Kardamom
5 g Pottasche
1 TL Weinbrand

Zum Verzieren:

2 TL Zitronensaft
6 EL Puderzucker
halbierte Mandeln

Zubereitung: Den Honig mit dem Sirup vermischen und die Gewürze bis auf die Pottasche zugeben.
Das Fett mit dem Zucker schaumig rühren und die inzwischen erkaltete Gewürzmasse zugeben.
Das Mehl unterrühren.
Die Pottasche im Weinbrand auflösen und in den kalten Teig einarbeiten.
Den Teig relativ dünn auf Backpapier ausrollen und mit einem Teigrad Rauten schneiden.
Das Backpapier auf ein Blech geben und die Plätzchen 10 bis 11 Minuten bei etwa 140° C backen.
Die ausgekühlten Plätzchen mit einer Glasur aus Puderzucker und Zitronensaft bestreichen und jeweils eine halbe Mandel darauf drücken.

Anmerkung: Am Ende des Backvorgangs sind die Plätzchen noch weich. Sie erhärten beim Abkühlen.

Klabautermann

Flink auf! die lustigen Segel gespannt!
Wir fliegen wie die Vögel von Strand zu Strand;
Wir tanzen auf Wellen um Klipp' und Riff;
Wir haben das Schiff nach dem Pfiff im Griff;

Wir können, was kein anderer kann:
Wir haben einen Klabautermann.
Der Klabautermann ist ein wackerer Geist,
Der alles im Schiffe sich rühren heißt,

Der überall, überall mit uns reist,
Mit dem Schiffskapitän flink trinkt und speist:
Beim Steuermann sitzt er und wacht die Nacht
Und im obersten Mast, wenn das Wetter kracht.

Ist's Wetter klar und die Fahrt gelingt,
So nimmt er die Geige und tanzt und springt,
Und alles muss auf dem Deck sich schwingen,
Unzählige selige Lieder singen,

Nicht Sturm, nicht Wurm, ihn ficht nichts an;
Wir haben den wahren Klabautermann.
Hei, klettert er! Sei die See auch groß,
Klabautermann lässt kein Takelwerk los,

Er läuft auf den Raaen, wenn alles zerreißt,
Er tut, was der Kapitän ihn heißt, -
Und wisst ihr, wie man ihn rufen kann?
Kourage heißt der Klabautermann!

August Kopisch (1799-1853)

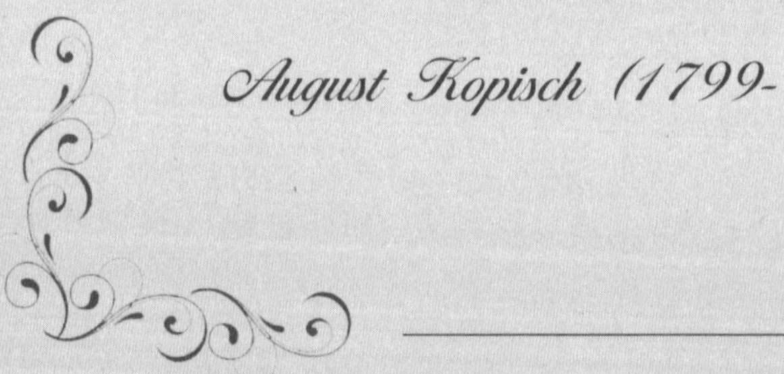

Biskuitplätzchen

Zutaten:

500 g Mehl
500 g Zucker
1 Päckchen Vanillezucker
2 EL Kartoffelmehl
1 Päckchen Backpulver
8 Eier

Zutaten:

Die Eier trennen und das Eiweiß steif schlagen, nach und nach den Zucker hineinrieseln lassen. Danach das Eigelb unterrühren. Die anderen Zutaten vorsichtig unterheben.
Das Blech mit Backpapier auslegen und mit einem Teelöffel kleine Portionen Teig mit etwas Abstand auf das Backpapier setzen.
Die Plätzchen im vorgeheizten Backofen bei 175° C etwa 15-20 Minuten backen.

Rahmkuchen

Der Rahmkuchen ist überall in Ostdeutschland bekannt, heute erfreut er sich auch unter der Bezeichnung „Schmandkuchen“ allgemeiner Beliebtheit. Dazu braucht man dicke saure Sahne, die es früher auf jedem pommerschen Bauernhof gab. Diese Art Sahne wird heute als Crème fraîche im Handel angeboten. Schmand - sauer gewordene Sahne - auch Schmant oder Schmetten genannt, ist ein Begriff slawischen Ursprungs. Das Wort *Schmetten* (= Milchrahm) ist vor dem 15. Jahrhundert aus dem tschechischen Sprachraum entlehnt worden. Davon übrigens abgeleitet ist der „Schmetterling“, weil man diesen Insekten eine Vorliebe für Milchprodukte nachsagte.

Zutaten:

500 g Mehl
30 g Hefe
1 Tasse Milch
150 g Zucker
1 Prise Salz

Für die Füllung:

¼ l Milch
2 EL Grieß
1 Prise Salz
1 EL Zucker
3 EL Rosinen
3 EL Sultaninen
3 Becher Crème fraîche
2 Eier
1 EL Zucker
Zucker zum Bestreuen

Zubereitung:

Für den Teig das Mehl in eine Schüssel sieben und eine Vertiefung hineindrücken.
Die zerbröckelte und in lauwarmer Milch und etwas Zucker angerührte Hefe in die Vertiefung füllen und aufgehen lassen.
Dem Teig eine Prise Salz zugeben und ihn kneten, bis er sich vom Schüsselrand löst.
Den Teig zugedeckt gehen lassen.
Für die Füllung die Milch erhitzen, Grieß, Salz und Zucker zufügen und zu einem Brei verrühren.
Die Rosinen und die Sultaninen waschen und abtrocknen.
Den Teig auf einem gebutterten Blech ausrollen, einen Rand hoch drücken, den Boden mit einer Gabel einstechen und den abgekühlten Grießbrei gleichmäßig darauf verteilen.
Die Crème fraîche mit den Eiern und dem Zucker gut verrühren.
Rosinen und Sultaninen vorsichtig auf den Grieß drücken und die Crème fraîche darüber geben.
Den Rahmkuchen im vorgeheizten Backofen bei 200° C etwa eine halbe Stunde backen und abschließend noch warm mit Zucker bestreuen.

Honigkuchen-Plätzchen

Ein beliebtes Weihnachtsgebäck. Für die Kinder kann man den Zuckerguss auf den Plätzchen mit Lebensmittelfarbe einfärben.

Zutaten:

1 EL Puderzucker
120 g flüssiger Honig
1 Päckchen Vanillinzucker
1 Ei
250 g Weizenmehl
1 TL Backpulver

Für den Guss:

200 g Puderzucker
2 EL Wasser

Zubereitung:

Ein Backblech mit Backpapier belegen und den Ofen auf 180° C (Heißluft etwa 160° C) vorheizen.
Für den Teig Puderzucker in eine Rührschüssel sieben, Honig, Vanillinzucker und das Ei hinzufügen und alles mit einem Rührlöffel vermischen.
Das Mehl mit dem Backpulver mischen, zwei Drittel der Mischung unter die Honig-Masse rühren, den Rest auf der Arbeitsfläche unterkneten.
Den Teig auf einer bemehlten Arbeitsfläche einen halben Zentimeter dick ausrollen.
Aus dem Teig die Plätzchen ausstechen und auf das Backpapier legen.
Das Backblech in den Backofen schieben und die Plätzchen etwa 10 Minuten backen.
Das Backblech mit den Plätzchen auf dem Backpapier aus dem Ofen nehmen und die Plätzchen abkühlen lassen.
Für die Glasur den verbleibenden Puderzucker sieben und mit Wasser zu einer dickflüssigen, spritzfähigen Masse verrühren.
Den Guss abschließend auf die erkalteten Plätzchen auftragen.

Anmerkung:

Zum Bestreichen der Plätzchen mit dem Guss füllt man diesen in einen Gefrierbeutel, von dem man eine untere Ecke abschneidet, und damit den Guss auf die Plätzchen drückt.

Wat wi nüdlich sind,
wenn wi jung sind,
sed de Jung,
un doar bekek hei sich de Farken.

Wat is' de Welt so grot,
säd de Jung,
un doar kek hei ewern Tun.

Wi künne joa als Bräuder lewen,
säd de Jung tum Voader,
oaber du wult joa nich,
un doar legt de Ulle em ewer de Knei.

Pommersche Spruchweisheiten

Getränke

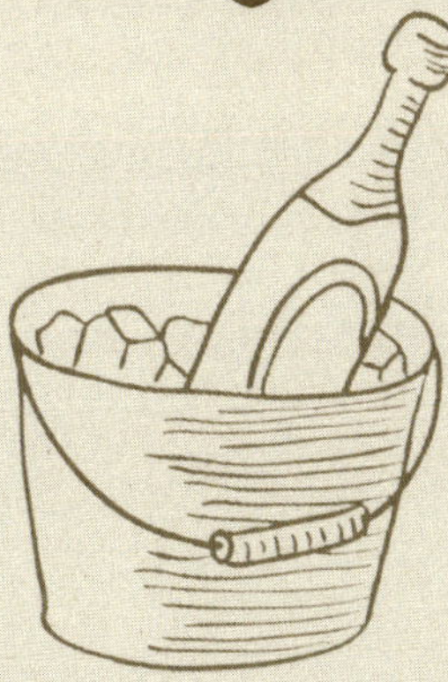

Vorpommerscher Umtrunk

Diese Pomeranzenbowle war ein beliebtes Getränk in den pommerschen Offizierscasinos der wilhelminischen Zeit. Die Pomeranze als solche hat nichts mit Pommern zu tun – es handelt sich um die Bitterorange, die für Marmelade, als Orangeat oder am bekanntesten als Grundstoff für den Curaçao-Likör Verwendung findet.

Mit Rotwein zubereitete Pomeranzenbowlen nennt man „Kardinal“. Man kann diese Bowle auch mit Weißwein zubereiten, dann nennt man sie „Bischof“.

Zutaten:
(für 1 Bowlenschüssel)

2 Pomeranzen
2 Flaschen Rotwein
1 Flasche Sekt brut (Sekt mit keinem oder nur sehr geringen Zuckerzusatz, trocken)

Zubereitung:

Die Pomeranzen hauchdünn schälen.
Die Schale eine halbe Stunde in einem Glas Rotwein ziehen lassen.
Den Rotwein und den Sekt in eine Bowlenschale geben.
Von der Pomeranzenschalenessenz so viel dazu geben, dass der Fruchtgeschmack leicht durch kommt.
Die Bowle wird gekühlt serviert.

Anmerkung:

Der wahre Kenner löst die Schale der frischen grünen Pomeranze mit einem scharfen Messer über einem Glas Wasser so ab, dass die Schalen direkt in das Wasser hineinfallen. Auf diese Weise soll das volle Fruchtaroma erhalten bleiben, das ansonsten durch ein Antrocknen der Schalen an der Luft beeinträchtigt wird.

Magst mi noch lieden?

Magst mi noch lieden,
hest mi noch leiw?
Ach, leg dien Hart doch
mi in den Breif!

Will mal upsluten,
wat dorin steiht,
ob noch dien Wiewing
wahnen drin deiht.

Ob sei noch hett den
leiwlichsten Platz,
ob sei noch drin dien
allerbest Schatz.

Wenn ick dat seihn hew,
slut ick dat tau,
keiner sall weiten,
wat mi giwt Rauh.

Alwine Wuthenow

Chaudeau aus Tassen zu trinken

Gern hat man sich in der feinen pommerschen Gesellschaft, vor allem in der Casinogesellschaft, international gegeben, Gebräuche aus dem Ausland übernommen und diese auf pommersche Art variiert. In diesem Fall hat man Chaudeau, den französischen Weinschaum, mit Bier so angesetzt, dass er aus Tassen getrunken werden konnte.

Zutaten:

1 l Starkbier
14 Eigelbe
Zucker, Zimt
abgeriebene Zitronenschale

Zubereitung:

Das Bier in einem Topf zum Kochen bringen. Gleichzeitig in einer Kasserolle etwa einen Liter Wasser zum Kochen bringen.
In das Bier 14 Eigelbe einquirlen und den Topf in die Kasserolle mit kochendem Wasser stellen. Das Bier mit den Eigelben eine halbe Stunde umrühren, dann von dem Feuer nehmen und mit Zucker, Zimt und etwas abgeriebener Zitronenschale würzen.

Anrichten:

Das pommersche Bier-Chaudeau in Tassen füllen.

Pommern-Punsch

Zutaten:

4 Zitronen
500 g Zucker
Zitronenschale
1 Flasche Rum (750 ml)

Zubereitung:

Die Zitronen auspressen, auf den Zucker geben und die abgeriebene Schale einer Zitrone zugeben.
Dann zwei Liter kochendes Wasser und eine Flasche Rum darauf gießen.

Anmerkung:

Statt des Wassers kann auch Tee genommen werden.

Tut drauf einen Trunk, einen guten Trunk,
einen Martenstrunk, einen pommerschen Trunk,
neun Züge und beide Backen voll,
in unico hypocaustu, ja, haustu…"

Trinkspruch in Coburg,

1621 gedruckt

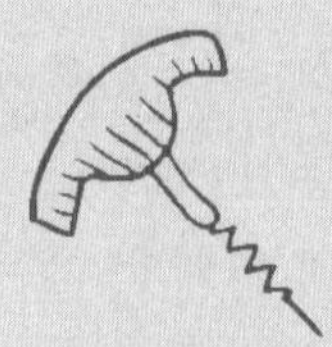

Heißer Punsch

Zutaten:

2 Flaschen Rheinwein
½ l Arrak
1 Zitrone
1 Würfelzucker
650 g Zucker

Zubereitung:

Den Saft einer halben Zitrone, den auf der Zitrone abgeriebenen Würfelzucker und den Zucker in anderthalb Liter Wasser aufkochen. Den Wein, den Zitronensaft und den Arrak hinzugeben und alles zusammen aufkochen lassen.

Anrichten:

Den Punsch in einem Kessel heiß servieren.

Wein-Limonade

Zutaten:

1 Flasche Rheinwein
250 g Zucker
2-3 Zitronen
Zitronenschale

Zubereitung:

Die Zitronen auspressen.
Anderthalb Liter Wasser mit dem Wein vermengen, den Zitronensaft und den Zucker einrühren.
Abschließend die abgeriebene Schale einer Zitrone in die Wein-Limonade geben.

Anrichten:

Die Wein-Limonade kühl stellen, bevor sie getrunken wird.

Der fröhliche Pommer

„Freund, versäume nicht zu leben,
denn die Jahre fliehn,
und es wird der Saft der Reben
uns nicht lange glühn!

Moslerwein, der Sorgenbrecher,
schafft gesundes Blut.
Trink aus dem bekränzten Becher
Glück und frohen Mut!“

Ewald von Kleist

Polnischer Tee

Zutaten:

2 Flaschen Bier
1 Flasche Weißwein
abgeriebene Zitronenschale
250 g Zucker
1 Prise Zimt
1 Prise Salz
8 Eigelbe
½ Glas Arrak

Zubereitung:

Das Bier mit dem Wein, etwas abgeriebener Zitronenschale und dem Zucker zum Kochen bringen, Zimt und Salz zugeben und abkühlen lassen.
Die Eigelbe unterziehen.

Anrichten:

Der Polnische Tee wird abschließend mit Arrak abgeschmeckt und in einer Teekanne serviert.

Zum Abschluss

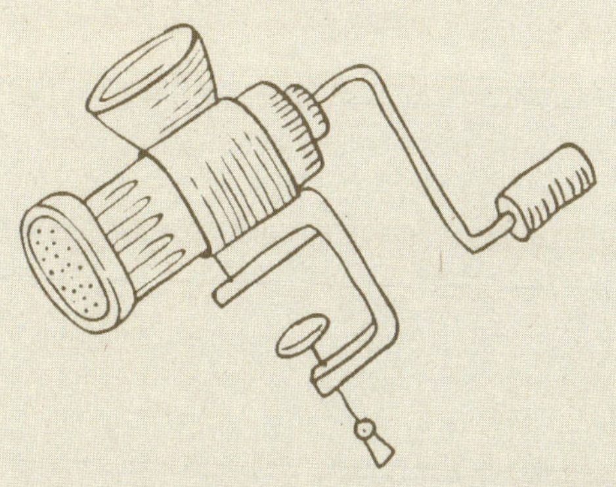

Pommersche Gänseleberwurst - selbst gemacht -

Zutaten:

1 kg Schweinebauch
500 g Gänseleber
150 g Gänseliesen (alternativ Schmalz)
4 TL Salz
15 Pfefferkörner
5 Gewürzkörner (Piment)
2 Lorbeerblätter
1 Gemüsezwiebel
5 TL Majoran
2 TL Thymian
3 TL Zucker
etwas Zimt und Muskatnuss

Zubereitung:

Den Schweinebauch abwaschen und in vier Teile schneiden.
Die Sudgewürze Pfeffer, Piment und Lorbeerblätter mit zwei Teelöffeln Salz in kaltes Wasser geben und den Schweinebauch zwei Stunden darin köcheln lassen. Dabei das Fleisch ein- bis zweimal wenden.
Den Schweinebauch aus dem Topf nehmen.
Die Zwiebel schälen.
Die Gänseleber waschen, trocken tupfen und würfeln.
Die Gänseliesen gut waschen, mit Küchenkrepp trocken tupfen und in kleine Würfel schneiden.
Den Schweinebauch aus dem Topf nehmen und etwas abkühlen lassen, die Zwiebel in den Sud geben und einige Minuten mitkochen lassen.
Knochen und Knorpel aus dem Schweinebauch auslösen und das Fleisch für den Fleischwolf klein schneiden.

Die Zwiebel aus dem Topf nehmen und vierteln.

Den größeren Teil der Gänseleber in die kochende Brühe geben und 2–3 Minuten ziehen lassen.

Die Leber mit dem Fleisch und den Zwiebelvierteln durch den Fleischwolf drehen und die Masse gleich in einen mittelgroßen Topf geben, der für ein Wasserbad in einen größeren Topf passt.

Im großen Topf Wasser zum Kochen bringen, den Topf mit der Wurstmasse hineinstellen und in die Wurstmasse so viel vom durchgesiebten Sud geben, bis sie breiig wird.

Den Deckel auf den kleinen Topf legen und die Wurstmasse etwa 1 Stunde kochen lassen, wobei immer wieder kochendes Wasser in den großen Topf nachgegossen werden muss.

Die Liesen in einer Bratpfanne ausbraten und die Grieben unbedingt entfernen, dann die verbliebenen Leberstückchen im Gänsefett gut durchbraten.

Die Leberstückchen und das Gänsefett sowie etwa vier Fünftel der oben genannten Wurstgewürze - Majoran, Thymian, Zucker, Zimt und Muskatnuss - zur Wurstmasse geben, alles gut umrühren und eine weitere halbe Stunde zugedeckt kochen lassen.

Die Wurstmasse abschließend mit dem Rest der Gewürze abschmecken und 10 Minuten bei 75° C zu Ende kochen.

Zur Aufbewahrung die Wurstmasse in kleine, heiß ausgespülte Keramiktöpfchen füllen und mit Alufolie abdecken (früher wurde eine Schicht Rindertalg darüber gegeben) oder gleich in Twist Off Gläser (Schraubdeckelgläser) füllen. Die Wurst muss kühl gelagert werden.

Wenn vor der Weihnachtszeit die Gänse auf den pommerschen Höfen geschlachtet wurden, war es völlig selbstverständlich, die Gänseleberwurst gleich mit zu fertigen. Die Zubereitung ist zwar ziemlich aufwendig, aber das Ergebnis lohnt die Mühe!

Der Pommer

Auf der Burg des Grafen Luchtenhagen ging es hoch her. Die Ritter aus der Nachbarschaft waren herbeigekommen, die glückliche Geburt des ersten Enkels des Burgherrn zu feiern. Das Schmausen und Trinken wollte kein Ende nehmen. Je länger die Männer die Humpen schwangen, umso eifriger und lauter wurde das Gespräch an der Tafel. Weil aber die Zeit unsicher und kriegerisch war, ging die Rede schließlich nur noch von Waffen und Kriegsleuten und deren Taten.

Nun hatte aber einer der Gäste in seinem Gefolge Männer aus allen Gauen Deutschlands, darunter war auch ein Pommer, den er besonders rühmte. Die versammelten Herren begehrten den Mann zu sehen. Als der Ritter ihn holen lassen wollte, rief der Gastgeber in fröhlicher Weinlaune: „Wenn es ein richtiger Pommer ist, will ich ihn leicht unter den anderen Mannen herausfinden!

„Es ist ein bescheidener Mann", sagte der Ritter, „und ich glaube kaum, daß Ihr ihn unter meinen fünf Gefolgsleuten, die alle groß und stark sind, herausfinden werdet!" – „Und dennoch will ich ihn erkennen!", rief der Graf und knallte einen vollen Lederbeutel auf den Eichentisch. „Diesen Beutel Dukaten setz ich ein!" – „Die Wette gilt!", antwortete der Ritter und legte seinen Beutel daneben. „Doch dürft Ihr weder an ihn noch an einen anderen eine Frage stellen!

Der Graf war einverstanden. Die Gefolgsleute des Ritters wurden durch einen Knappen herbeigerufen. Alle fünf waren große, kräftige Gestalten, und mancher der Gäste sprach ein Wort bewundernder Anerkennung.

Graf Luchtenhagen führte die ganze Gesellschaft zum Rundturm an der Ecke des Saales. Hier waren schmale Fenster in den dicken Mauern, die sich wohl zur Verteidigung der Burg eigneten, nicht aber zum Hinauslehnen. Nur das mittelste schien gerade so breit, daß ein Mann seinen Kopf hindurchstecken konnte.

Nun ließ der Graf die fünf Männer des Ritters an das mittlere Fenster treten und befahl ihnen, hinauszuschauen und zu melden, ob sie im Burggraben etwas Besonderes entdeckten. Die Männer taten wie ihnen geheißen. Drei hatten schon mit einiger Mühe den Kopf durch das Fenster gezwängt und sich draußen umgeschaut, konnten aber nichts melden. Nun trat der vierte hinzu, und dem Ritter wurde schon bang um seinen Geldbeutel. Der vierte aber kam mit seinem Schädel nicht durch das enge Fenster, so sehr er sich auch mühte.

Da lachte der Graf und rief: „Ich habe meine Wette gewonnen! Der hat den dicksten Schädel; der ist der Pommer!"

Nun lachten auch die Gäste des Grafen über dessen Einfall; der Ritter aber sagte zu dem fünften seiner Männer: „Jetzt, Pommer, schaue du hinaus!"

Da verstummten die andern. Der richtige Pommer trat ans Fenster und versuchte hinauszusehen. Aber, o weh! sein Schädel war viel zu dick und paßte nicht in die Öffnung. Weil er nun aber hinaussehen *wollte,* und ein Pommer das auch *tut,* was er will, zog er den Kopf in die Schultern und stieß ihn dann mit Macht in die Öffnung, daß die Steine nachgaben und nach draußen fielen. Dann guckte er sich draußen um, wandte sich nach innen und, den Kalk von seiner Stirn wischend, sagte er treuherzig: „Wat anners as de Sünn am Hewen, as Wisch un Busch, Duwen un Kreien kann ick och nich seihn!"

Dem Grafen aber und seinen Gästen blieb vor Staunen der Mund offen stehen, und sie schlossen ihn erst ganz, als sie sich mit einem Schluck Wein gestärkt hatten. Der Ritter steckte lachend den Beutel voller Dukaten ein und schickte seinem Pommern eine große Kanne voll Wein in die Stube der Gefolgsleute.

Das Fenster aber hat der Graf Luchtenhagen noch lange seinen Gästen gezeigt und ihnen die Geschichte von dem pommerschen Dickschädel erzählt.

Bruno Kabe

Index

E

F

G

H

I

J

K

L

M

N

O

P

Q

R

S

T

U

V

W

X

Y

Z

Bildnachweis:

178: © feoris, fotolia.de
12/13, 19, 35, 44, 64, 115, 170, 171, 195: © christine krahl, fotolia.de
89: © Little sisters, fotolia.de
165 © Olga Rutko, fotolia.de
durchgehende Eckornamente, 33, 86/87, 200: © losw, fotolia.de
120: © idea, fotolia.de
3: © tohengchai, fotolia.de
125, 183, 213, 217, 219, 221: © Otmar Grissemann, fotolia.de
37, 45, 90, 99, 110, 113, 131, 137: © Mila Petkova, fotolia.de
141, 151, 154: © Anja Kaiser, fotolia.de
17, 24, 41, 47, 58, 63, 76, 107, 187, 192, 225, 229, 230, 232, 235: © gollli, fotolia.de
163, 174: © krabata, fotolia.de
29, 38, 43, 72, 146, 164, 191, 206, 222: © shlapak liliya, fotolia.de
15, 31, 73, 89, 141, 165, 183, 203, 225, 235: © WaD, fotolia.de
9: © Aleksandra Smirnova, fotolia.de
54, 55, 96, 119, 148, 184, 208, 231: © notkoo 2008, fotolia.de
20, 73, 102, 144, 161, 176: © nenilkime, fotolia.de
31, 85, 118: © grafnata, fotolia.de
47, 203: © Extezy, fotolia.de
durchgehende Musterelemente oben: © Keo, fotolia.de
49, 60, 125, 172: © Rudi van der Walt, fotolia.de

Pommern
in 1000 Bildern

Hardcover, vierfarbig,
Format 225 x 295 mm,
376 Seiten
ISBN 978-3-941557-20-8

€ 19,95